KB119537

놓지 마
초등 영단어
따라 쓰기

놓지 마
초등 영단어
따라 쓰기
desk
send
useful
oven
pair
sing

신태훈 · 나승훈

위즈덤하우스

이 책의 구성과 활용법

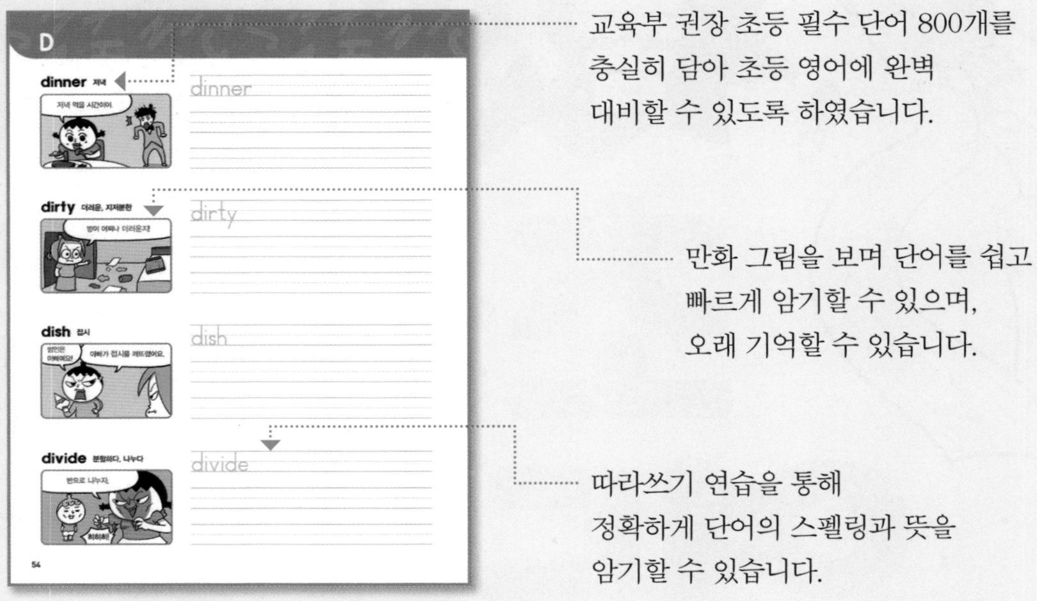
D
dinner 저녁
dinner
dirty 더러운, 지저분한
dirty
dish 접시
dish
divide 분할하다, 나누다
divide
54

교육부 권장 초등 필수 단어 800개를 충실히 담아 초등 영어에 완벽 대비할 수 있도록 하였습니다.

만화 그림을 보며 단어를 쉽고 빠르게 암기할 수 있으며, 오래 기억할 수 있습니다.

따라쓰기 연습을 통해 정확하게 단어의 스펠링과 뜻을 암기할 수 있습니다.

80개 단어씩 나누어 학습한 단어들을 복습할 수 있습니다.

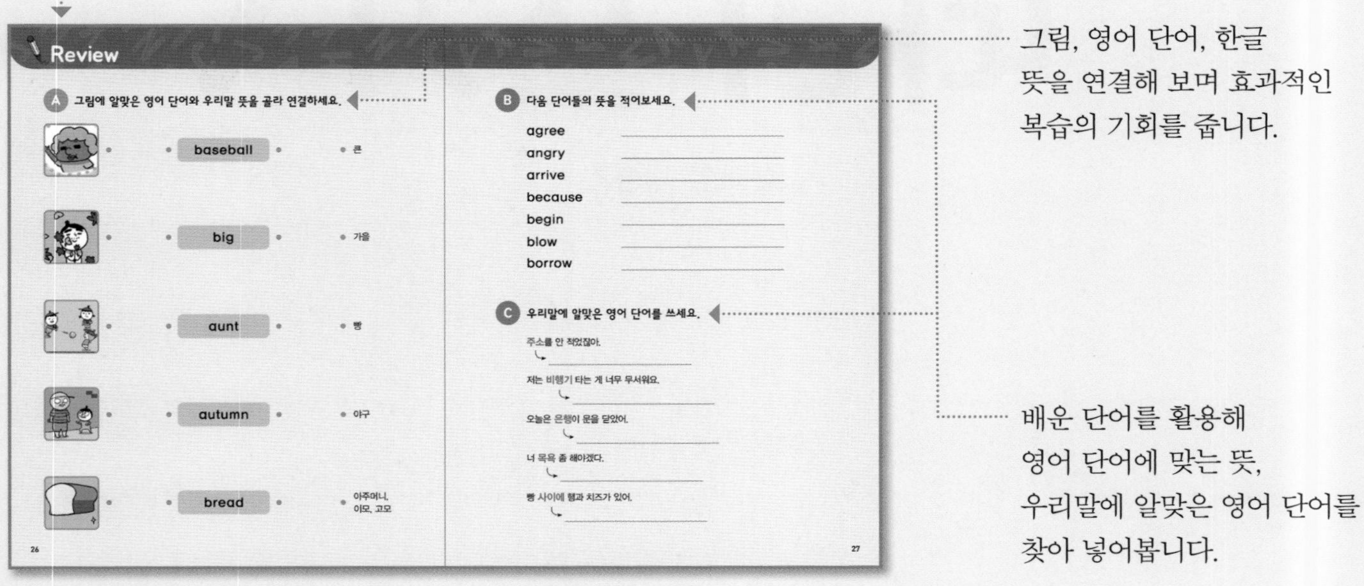
Review
A 그림에 알맞은 영어 단어와 우리말 뜻을 골라 연결하세요.
baseball
big
aunt
autumn
bread
큰
가을
빵
야구
아주머니, 이모, 고모
B 다음 단어들의 뜻을 적어보세요.
agree
angry
arrive
because
begin
blow
borrow
C 우리말에 알맞은 영어 단어를 쓰세요.
주소를 안 적었잖아.
저는 비행기 타는 게 너무 무서워요.
오늘은 은행이 문을 닫았어.
너 목욕 좀 해야겠다.
빵 사이에 햄과 치즈가 있어.
26
27

그림, 영어 단어, 한글 뜻을 연결해 보며 효과적인 복습의 기회를 줍니다.

배운 단어를 활용해 영어 단어에 맞는 뜻, 우리말에 알맞은 영어 단어를 찾아 넣어봅니다.

차례

A

about ~에 관해, ~에 대하여

형아, 그녀에 대해 말해 줘.
오, 그래.

about

accident 사고

선생님…
사고는 일어나기 마련이에요.

accident

across ~의 건너편에

앗! 길 건너편에 장난감 가게가 있다.

across

act 행동하다

애가 아기처럼 행동해요.
너무 고민이에요.

act

add 더하다, 첨가하다

고기를 더하자.
치즈도 더하고…

add

address 주소

정구야! 주소를 안 적었잖아.

address

advise 조언하다, 충고하다

엄마한테 사실대로 말하라고 조언하겠어.
… 그래야겠지?

advise

afraid 무서워하는, 두려워하는

난 옆집 개가 무서워.
뭐?

afraid

A

after ~ 후에

TV는 모두 다 밥을 먹은 후에 봐야지.
힝!

after

afternoon 오후

우린 오후에 수영하러 갈 거예요.

afternoon

again 다시, 또

오른쪽 다시 잘라 주시겠어요?
네!

again

ago ~ 전에

아이스크림
주세요~!
조금 전에 줬잖아.

ago

agree 동의하다, 찬성하다

양배추 먹을까?
찬성!

agree

air 공기

공기!
신선한 공기가 필요해.

air

airplane 비행기

저는 비행기 타는 게
너무 무서워요.
뭐? 그럼
내가 도와줄게.

airplane

airport 공항

주리는?
공항에 아빠 마중하러 갔어요.
AIRPORT

airport

A

album 앨범

여보.
당신 옛날 사진첩이 어디 있지?
응?
갑자기 왜?

album

all 다, 모두

친구들을 모두 초대해도 돼요?

all

along ~을 따라서

응? 이 선은
대체 뭐지?
이상한걸?
따라가 보자.

along

always 항상

오… 내 사랑…
난 항상 당신을 사랑할 거예요.

always

among ~ 중에, ~ 사이에

아이참~ 우리 중에서 제일 예쁜 건 주리지.
휴… 어쩔 수 없지….

among

angry 화난

엄마, 저 시험
빵점 맞았어요.
그…래…
난 화나지 않았어.

angry

animal 동물

자! 퀴즈쇼 마지막 문제!
동물에 대한 퀴즈입니다.

animal

another 다른, 또 하나의

이 셔츠는 너무 평범한데…
다른 셔츠 있어요?

another

A

answer 대답, 답

주리! 일어나서 답을 말해 보렴.

answer

anything 무엇, 아무것

여보~ 오늘 오후에 뭐 할 일 있수?

anything

apartment 아파트

우린 아파트에 살아.
그래서 뛰는 건
생각도 못 해.
쿵!
쿵!

apartment

arm 팔

아빠! 팔이 왜 그래요?

arm

around ~ 주위에, ~ 둘레에

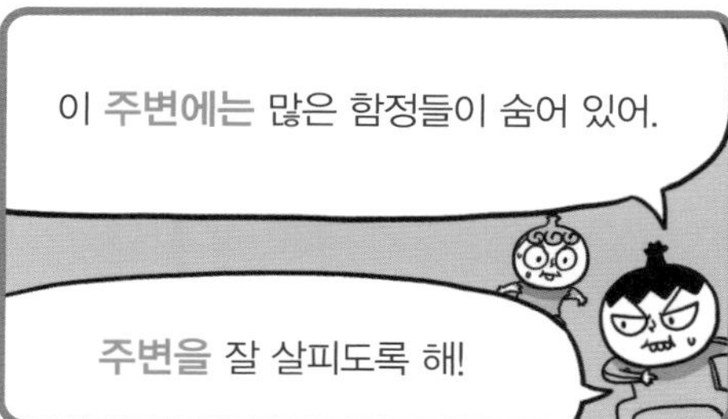
이 주변에는 많은 함정들이 숨어 있어.
주변을 잘 살피도록 해!

around

arrive 도착하다

소포가 왔니?
네! 책을 몇 권 샀어요.

arrive

artist 화가, 예술가

화가가 누구죠?
접니다.

artist

ask 묻다, 물어보다

질문해도 됩니까?
척

ask

A

at ~에(서)

저 모퉁이에서 오른쪽으로 도세요.
아! 고마워요!

at

aunt 아주머니, 이모, 고모

뭄바 아주머니가 나에게 선물을 주셨어.

aunt

autumn 가을

벌써 가을이야.
이 낙엽을 봐! 너무 예쁘지?

autumn

away (~로부터) 떨어져

저리 가!
나한테서 떨어지라고!

away

baby 아기

어머! 정말 예쁘네요.
사진 속 아기가 누구죠?
BABY

baby

back 등, 뒤쪽, 뒤로

거기 서 계시면 안 돼요.
뒤로 조금 물러나세요.
네? 왜요?

back

bad 나쁜

나쁜 소식이 있어요.
그래?
어서 말해 봐.

bad

bag 가방

잠깐! 가방 안에 뭐가 있는지 좀 볼게요.

bag

B

ball 공

누가 공을 찼니?

ball

balloon 풍선

내 풍선이 더 커.
아니야!
내 풍선이 더 커.

balloon

band 악단, 밴드

어머!
밴드부?
밴드에 가입하고 싶어.
Band!

band

bank 은행

힝, 오늘은 은행이 문을 닫았어.
BANK

bank

baseball 야구

우린 일요일마다 야구를 해.
야구를 좋아하니?

baseball

basket 바구니

바구니 안에 있는 걸
다 내놔라.

basket

bath 목욕

너 목욕 좀 해야겠다.

bath

beach 해변, 바닷가

해변에 가자.

beach

bear 곰

곰처럼 겨울잠을 자는 거야.
zzz
먹고 자고, 먹고 자고.

bear

beautiful 아름다운

꽃은 아름다워!

beautiful

because ~ 때문에

오늘은 비가 오기 때문에 갈 수 없어.

because

become ~이 되다

저는 의사가 되기 위해
열심히 공부할 거예요.

become

bed 침대

난 멋진 자동차 침대에서 자.

bed

before ~ 전에

밥 먹기 전에 손을 씻어야지.

before

begin 시작하다

연주회는 두 시간 후에 시작할 거야.
여유롭네~.
식사나 먼저 할까?

begin

behind ~ 뒤에

오빠는 저 테이블 뒤에 숨어 있어.
아하!

behind

believe 믿다

주리야! 빵은 한 개만
먹어야 한다.
네, 저만 믿으세요.

believe

bench 긴 의자, 벤치

휴, 힘들어.
벤치에 누워서 쉬고 싶어.

bench

between ~ 사이에

빵 사이에 햄과 치즈가 있어.

between

bicycle 자전거

아악! 자전거 꽉 잡아 주세요.
하하, 걱정 마라!
내가 꽉 잡고 있을게.

bicycle

big 큰

내가 가만 있을 수 없지.
그러지 마!
걔는 몸집이 매우 커.
아이가 크면 얼마나 크다고! 형이 그 못된 녀석을 혼내 줄게.

big

bird 새

와, 나도 새처럼 날고 싶어.

bird

birthday 생일

힝, 오늘은 내 생일인데….

birthday

bite 물다

안심해!
내 개는 절대 안 물어.

bite

black 검정색의

집에서 검은 연기가
나고 있어.
물을 뿌려요.
촤악
촥

black

blow 불다

세게 불어!
촛불을 꺼야 이 상자 안의
케이크를 먹을 수 있다구.

blow

blue 파란색의

저 파란 하늘을 봐!

blue

board 널빤지, 판

뭐 해?
보드 게임을 하고 있어.

board

boat 배

난 종이배 만드는 법을
알고 있어.
진짜?
보여 줘!

boat

body 몸

어휴, 어서 몸을 씻어.

body

book 책

뭐 하니?
책을 읽고 있어요.

book

borrow 빌리다

우산 좀 빌릴 수 있을까요?
저걸 빌려 드릴게요.

borrow

B

both 둘 다

너희 둘 다 잘했어.

both

bottle 병

누가 이 병에 있던 콜라를 마신 거야?

bottle

bowl 사발, 공기

밥 한 공기 더 주세요.
그래.

bowl

box 상자

상자를 열어 봐.
안에 또 상자가 있어.

box

boy 소년, 남자아이

나는 남자아이야.

boy

brave 용감한

난 용감해지려고 해요.
넌 할 수 있어!

brave

bread 빵

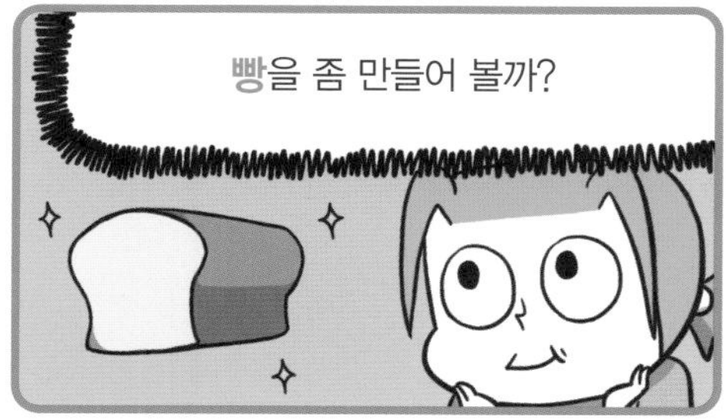
빵을 좀 만들어 볼까?

break 깨뜨리다, 부수다

누가 이 컵을 깼지?

break

Review

A 그림에 알맞은 영어 단어와 우리말 뜻을 골라 연결하세요.

baseball
큰

big
가을

aunt
빵

autumn
야구

bread
아주머니,
이모, 고모

B 다음 단어들의 뜻을 적어보세요.

agree ____________________

angry ____________________

arrive ____________________

because ____________________

begin ____________________

blow ____________________

borrow ____________________

C 우리말에 알맞은 영어 단어를 쓰세요.

주소를 안 적었잖아.

↳ ____________________

저는 **비행기** 타는 게 너무 무서워요.

↳ ____________________

오늘은 **은행**이 문을 닫았어.

↳ ____________________

너 **목욕** 좀 해야겠다.

↳ ____________________

빵 **사이에** 햄과 치즈가 있어.

↳ ____________________

B

breakfast 아침 식사

아침 식사로 난 시리얼과 우유를 먹어.

breakfast

bridge 다리

정말 요정이 있나요?
다리를 건너서 쭉 가세요.

bridge

bring 가져오다, 데려오다

헤헤헤, 친구들을 데려와라. 그럼 사탕을 주마.
정말요?

bring

brother 형, 오빠, 남동생

동생에게 잘하렴.
sister

brother

brown 갈색의

왈왈!
앗, 갈색 털 강아지!
너무 귀여워서
조심하라는 거였나?

brown

brush 솔질하다, 닦다

초콜릿을
먹었구나.
얼른 가서 이 닦아.

brush

build 짓다, 세우다

네 형 지금
어디 있어?
블록 쌓고 있는데.

build

burn (불에) 타다, 태우다

생선 태우지 말아요!

burn

busy 바쁜

안 돼!
난 오늘 아주 바빠.

busy

button 단추, 버튼

위험하면 이 버튼을
누르세요.

button

buy 사다

저도 새 자전거 사고 싶어요.

buy

by ~ 옆에

저기!
아하, 아빠는?
엄마 옆에
앉아 계셔.

by

calendar 달력

달력이야.
달력은 집에 있는데….

calendar

call 부르다, 전화하다

나중에 다시 전화할게.
응! 기다릴게!

call

camera 사진기, 카메라

낡은 카메라군.

camera

camp 캠프장, 야영지

캠프장에 텐트가 많네.

camp

can ~할 수 있다

난 수영할 수 있어.

can

candy 사탕

사탕이 너무 커서요.
저쪽으로 가세요.

candy

cap (앞에 챙이 달린) 모자

이 야구 모자 어때?

cap

capital 수도

파리는 프랑스의 수도야.
Paris

capital

captain 주장, 선장

난 동아리의 주장이었어.

captain

car 자동차

그들은 차에 타고 있어.

car

card 카드

산타에게 크리스마스 카드를 쓰고 있어.

card

care 보살핌, 돌봄

아기들은 많은 보살핌이 필요하답니다.

care

careful 조심하는

이것을 떨어뜨리지 않도록 조심해.

careful

carrot 당근

당근 케이크 맛있겠다.

carrot

carry 운반하다, 나르다

상자 나르는 것 좀 도와주세요.

carry

castle 성, 대저택

모래성을 쌓자.

castle

catch 붙잡다

두 손으로 공을 잡아!
에고고고…

catch

ceiling 천장

거미가 천장에 매달려 있어.

ceiling

chair 의자

의자가 필요하니?
응!

chair

chance 기회

기회를 놓치지 않겠어.

chance

change 바꾸다, 변하다

마음을 바꿨어.
사이다!

change

cheap 값이 싼

오늘은 바나나가 싸.
80% SALE

cheap

cheese 치즈

치즈는 우유로 만드는 거구나.
MILK

cheese

chicken 닭, 닭고기

집에서 닭을 기른다고?
응!

chicken

child 어린이

난 더 이상 어린이가 아니야.

child

choose 고르다, 선택하다

뭘 먹지?
못 고르겠어.

choose

chopstick 젓가락

젓가락을 써 보렴.

chopstick

church 교회

이게 무슨 소리야?
집 앞에 교회가 있어.

church

circle 원, 동그라미

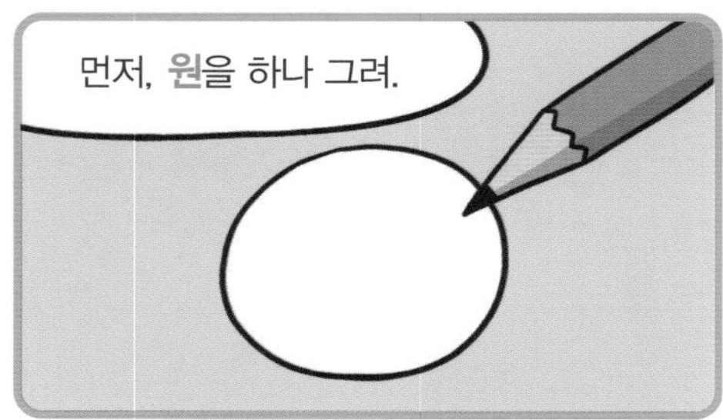
먼저, 원을 하나 그려.

circle

city 도시

넌 도시에 사는 게 좋니?

city

class 학급

2-4
우린 같은 반이야.

class

classmate 급우, 반 친구

넌 나의 가장 친한 반 친구야.

classmate

clean 청소하다

당장 들어가서 청소해!

clean

climb 오르다, 올라가다

꼭대기까지 올라가자.

climb

clock 시계

멋진 벽시계인걸!

clock

close (눈을) 감다, 닫다

눈을 감아 봐.

close

clothes 옷, 의류

내 옷 예쁘지!

clothes

cloud 구름

난 구름 위를 날고 있어.

cloud

club 클럽, 동아리

댄스 동아리에 가입했어.

club

coat 코트, 외투

따뜻한 외투가 필요해.

coat

coin 동전

동전 있어?

coin

cold 추운, 차가운

밖이 엄청 추워요.
아무리 그래도 옷은 입었어야지!

cold

color 색깔

무슨 색을 좋아하시나요?

color

come 오다

나중에 또 올게요.
오지 마!

come

company 회사

회사에 가면 항상 불안해요.

company

cook 요리하다

맛없어!
맛있게 요리할 줄은 몰라요.

cook

cool 시원한, 멋진(비격식)

얼음 찜질을 하면 덜 아플 거야.
시원하네요.

cool

copy 복사하다, 따라 하다

이거 좀 복사해 줘.
이거 좀 복사해 줘.

copy

corner 모퉁이

다음 모퉁이에서 좌회전하세요.

corner

cough 기침하다, 기침

기침은 건조해서 나는 거야.

cough

count 세다, 계산하다

화가 나면, 난 열까지 수를 세.

count

country 나라, 국가

넌 어느 나라에서 왔니?
미국.

country

cousin 사촌

아! 내 사촌들이구나.

cousin

cover 덮다

앗!
눈이 내 발자국을 덮었어.

cover

cow 암소, 젖소

소는 우리에게 우유를 줘.

cow

crayon 크레용

크레용으로 그림 그리고 있어요.

crayon

crazy 정신 나간, 말도 안 되는

정신이 나간 것이 분명해.

crazy

cross 건너다, 횡단하다

길을 건너자.

cross

crown 왕관

정말 멋진 왕관이야!
이 왕관 한번 써 보실래요?

crown

cry 울다

양파 때문에 우는 거야.

cry

curious 궁금한, 호기심이 강한

궁금한 게 뭐니?
하나도 안 매운 고추
이 고추 정말 안 매워?

curious

curtain 커튼

꺄아악! 커튼 뒤에 뭔가 있어.

curtain

cut 자르다

자, 사과를 잘라 줘!
휙
휙
휙

cute 귀여운

이 강아지 정말 귀여워.

cute

D

dad 아빠

아빠는 날 사랑하셔.

dad

dance 춤추다

우리 춤출까요?

dance

danger 위험

형이 위험해!

dark 어두운, 어둠

날이 어두워지네.

dark

Review

A 그림에 알맞은 영어 단어와 우리말 뜻을 골라 연결하세요.

	cross	건너다, 횡단하다
	breakfast	요리하다
	dance	솔질하다, 닦다
	brush	춤추다
	cook	아침 식사

B 다음 단어들의 뜻을 적어보세요.

careful ______________________

carry ______________________

cheap ______________________

choose ______________________

clothes ______________________

cold ______________________

count ______________________

C 우리말에 알맞은 영어 단어를 쓰세요.

친구들을 **데려와라**.

↳ ______________________

두 손으로 공을 **잡아**!

↳ ______________________

난 더 이상 **어린이**가 아니야.

↳ ______________________

우린 같은 **반**이야.

↳ ______________________

넌 어느 **나라**에서 왔니?

↳ ______________________

date (특정한) 날짜

무인도에 떨어졌는데 날짜가 뭐가 중요해요.

date

daughter 딸

쟤는 내 딸이 아니야.

daughter

day 낮, 날, 하루

오늘은 정말 최고의 날이야.

day

dead 죽은

꽃이 죽어 버렸어.

dead

decide 결정하다, 결심하다

난 공부를 열심히 하기로 결심했어.

decide

deep 깊은, 깊이

수영장이 얼마나 깊어요?

delicious 맛있는

맛있는 주스, 케이크, 그리고 사과.

dentist 치과 의사, 치과

쟤 아침에 치과에 갔었죠?
음…
그렇긴 한데.

dentist

desk 책상

정 과장님 책상이 어디입니까?

desk

dessert 후식, 디저트

후식을 주문하시겠어요?

dessert

diary 일기, 일기장

내 일기 읽지 마!

diary

dictionary 사전

사전에서 그 단어를 찾아봐.
응.

dictionary

die 죽다

죽지 마! 죽지 않길 바라.

die

different 다른

우린 생각이 달라요.
오빤 나랑 너무 달라요.

difficult 어려운

이 책은 내게 너무 어려워.

dig (구멍 등을) 파다

뭐 하니?
정원에서 땅을 파고 있어요.

dig

dinner 저녁

저녁 먹을 시간이야.

dinner

dirty 더러운, 지저분한

방이 어찌나 더러운지!

dirty

dish 접시

범인은 아빠예요!
아빠가 접시를 깨뜨렸어요.

dish

divide 분할하다, 나누다

반으로 나누자.
히히히!

divide

do 하다

이렇게 한번 해 봐.
헙!

do

doctor 의사

난 의사가 되고 싶어.

dog 개, 강아지

강아지 인형이에요.

doll 인형

아이들은 인형을 갖고 노는 걸 좋아해.
곰 인형이니?

doll

dolphin 돌고래

상어가 아니라 돌고래예요.

dolphin

door 문

문이 열려 있군.

down 아래로

계단 내려갈 때 조심해.

draw (그림을) 그리다

뭘 그린 거니?

draw

dream 꿈

내 꿈은 요리사야.

dream

dress 옷을 입다

어서 옷 입어.

dress

drink 마시다

꺽
넌 탄산음료를 너무 많이 마셔.
꺽
꺽
COLA

drink

drive 운전하다

운전할 줄 알아요?
응!

drive

drop (물)방울

방금
청소한 자리야.
한 방울도 흘리지 마.

drop

drum 북, 드럼

아들이 가끔 드럼을 쳐요.
두 두두
두 두
두두
두두

drum

dry 마른, 건조한, 마르다

위―잉
음~ 잘 말랐군.

dry

during ~ 동안 (내내)

주말 동안 뭐 했어?
DURING
목 금 토 일 월 화
weekend

during

ear 귀

귀가 엄청 크네.

ear

early 일찍, 이른, 빠른

일찍 자러 가.
그래야 내일 아침밥을
빨리 먹을 수 있잖아.

early

earth 지구

지구가 태양의 주위를 돈다고?

earth

east 동쪽

어느 쪽이 동쪽이지?

east

easy 쉬운, 간단한

쉬운 방법은 없어.

easy

eat 먹다

뭐 먹고 싶어?
스테이크!

eat

egg 알, 달걀

아침 먹었어?
아침으로 달걀 하나 먹었어.

egg

empty 비우다, 비어 있는

네, 여기 빈 휴지통입니다.

empty

end 끝

이게 이야기의 끝이야?
응.

end

engine 엔진

저 자동차 엔진은 강력해.

engine

enjoy 즐기다

엄마는 TV를 즐겨 보신다.

enjoy

enough 충분한

우린 시간이 충분해.

enough

enter 들어오다, 들어가다

노크 좀 하고 들어와!

enter

eraser 지우개

정구야! 지우개 좀 빌려줄래?
네!

eraser

evening 저녁

우린 오늘 저녁에 집에 있을 거예요.

evening

every 모든, 매

그는 모든 학생을 알고 있다.
안녕! 낸시! 캐롤! 웬디!

every

example 예, 보기

예를 들어, 이런 동작은 쉽게 할 수 있어.

example

excellent 뛰어난, 훌륭한

오빠의 뛰어난 수학 실력이 필요해.
OK!

excellent

excite 흥분시키다, 들뜨게 하다

나는 부자가 되겠지.
생각만 해도 들뜨는걸.

excite

excuse 변명, 핑계

이번엔 변명이 뭐지?
끼잉…

excuse

exercise 운동, 운동하다

주리는 매일 운동하잖아.

exercise

exit 출구

출구를 찾으려면 이 문제를 풀어야 해.
1 + 1 = ?
2
4

exit

expensive 비싼

윽! 너무 비싸!
MENU

eye 눈

눈에 뭔가 들어갔어.

eye

face 얼굴

넌 얼굴이 참 예쁘구나.

face

fact 사실, 진실

놀라운 사실을 알았어.

fact

fail 실패하다, (시험에) 떨어지다

엄마가 운전 시험에 떨어졌어.
아, 그래서….

fail

fair 공평한, 공정한

선생님은 공평해야 해.

fair

F

fall 가을, 떨어지다

가을엔 날씨가 서늘해.

fall

family 가족

얘네들은 대가족이야.

family

famous 유명한

그는 유명한 가수입니다.

famous

far 멀리, 먼

앨리스는 학교에서 멀리 떨어진 곳에 살아.

far

farm 농장

맞아!
딸기 농장에 가자.

farm

fast 빠른

헥헥…
저 고양이는 정말 빨라.

fast

fat 뚱뚱한, 살찐

저 뚱뚱한 남자는 누구지?
어디서 본 것 같은데….

fat

father 아버지

난 두 아이의 아버지야.

father

F

favorite 가장 좋아하는

가장 좋아하는 음식이 뭐야?
뭐?

favorite

feed 먹이를 주다, 밥을 먹이다

너 고양이 밥 줬니?
응?

feed

feel 느끼다, (기분, 감정이) 들다

난 기분이 별로 좋지 않아.

feel

few (수량이) 거의 없는

얘는 친구가 거의 없어.

few

field 들판, 밭

할아버지는?
밭에서 일하고 계세요.

field

fight 싸우다

친구들끼리 싸우지 마.
왜 싸운 거야?

fight

fill 채우다

컵에 물을 채워 주세요.

fill

find 찾다, 발견하다

내 구두를 찾을 수 없어.

find

Review

A 그림에 알맞은 영어 단어와 우리말 뜻을 골라 연결하세요.

exercise

더러운, 지저분한

empty

뚱뚱한, 살찐

dirty

운동하다

fat

죽은

dead

비어 있는

B 단어들의 뜻을 적어보세요.

decide ______________________

different ______________________

enough ______________________

expensive ______________________

famous ______________________

favorite ______________________

feed ______________________

C 우리말에 알맞은 영어 단어를 쓰세요.

맛있는 주스, 케이크, 그리고 사과.

↳ ______________________

내 **꿈**은 요리사야.

↳ ______________________

일찍 자러 가.

↳ ______________________

쉬운 방법은 없어.

↳ ______________________

놀라운 **사실**을 알았어.

↳ ______________________

fine 좋은, 멋진

이 방은 전망이 좋아.

fine

finger 손가락

아얏!
손가락을 베었어.

finger

finish 끝내다

주리야, 숙제 다 했니?
아니, 난 시작도 안 했어.

finish

fire 불, 화재

나 불 피우는 법 모르는데.
저도 몰라요.

fire

first 처음(으로), 맨 먼저

먼저 도착한 사람이 핫도그를 다 먹는 거야.

first

fish 물고기, 생선

아빠가 큰 물고기를 잡았어요.

fish

fix 고치다, 수리하다

내가 고쳐 주지.

fix

flag 기, 깃발

앗!
깃발이 펄럭이고 있어.

flag

floor 마루, 바닥

바닥 청소 좀 하자.

floor

flower 꽃

꽃에 물 줘라.
네.

flower

fly 날다

닭은 잘 날지 못 해.
너무 놀리지 마!

follow 따르다, 따라가다(오다)

누군가… 날 따라오고 있어.

follow

food 음식

난 한국 음식을 좋아해.

food

fool 바보, 어리석은 사람

에베베~
바보처럼 굴지 마.

fool

foot 발

그녀는 발이 작아.

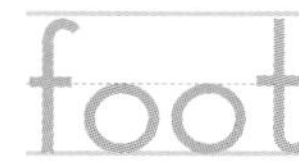

foot

for ~을 위해

이건 널 위한 거야.

for

forest 숲

난 숲속을 걸었어.

forest

forget 잊다, 잊어버리다

가스레인지 끄는 걸
깜박 잊었어.

forget

forgive 용서하다

제발 용서해 줘.

forgive

free 한가한, 무료의

너희들 오늘 한가해?
아니, 바빠.

free

fresh 신선한

신선한 공기 좀 마시자.

fresh

friend 친구

네 단짝 친구는 누구니?

friend

from ~(에서)부터

여기서부터 뛰어가자.
살려주세요.

from

fruit 과일

무슨 과일을 좋아해?
수박!

fruit

fry (기름에) 튀기다

엄마가 닭을 튀겼어요.
우와아아!!!

fry

full 가득 찬, 배부른

배불러서 더 못 먹겠어.

full

fun 재미있는

토요일 아침에는… 드라마를 봐야지.
정말 재미있을 거야.

future 미래

네 미래 계획은 뭐니?

future

game 경기, 게임

친구와 많이 먹기 게임을 했어.
그래?

game

garden 정원

정원에 배추를 심고 있어요.
뭐?

garden

gate 문, 출입구

문을 열어 주세요!
괴물이 쫓아 오고 있어요!
믿지 못 하겠어!
손을 내밀어 봐!

gate

gentle 부드러운, 상냥한

난 저 부드러운 목소리가
너무 좋아.

gentle

get 얻다, 받다

짐이 많은데
봉투 하나 주실래요?
42,800
MART

get

ghost 유령, 귀신

나 유령을 봤어.

ghost

gift 선물

아빠, 생일 선물은… 우리들이랍니다!

gift

girl 소녀

난 내가 소녀였을 때를 기억해.

girl

give 주다

5분만 시간을 줘.

give

glad 기쁜, 반가운

만나서 반가워!
과자 하나만 주라!

glass 유리, 유리잔

조심하렴.
유리는 쉽게 깨진단다.

glove 장갑

정구
어디 있지?
정구는 장갑을 끼고 있어.

glove

go 가다

슈퍼마켓에 가자.

go

good 좋은, 훌륭한

내 영어 실력은 좋지 않아.

good

grade 학년

나는 2학년이야.

grade

grandfather 할아버지

할아버지 연세가 어떻게 되시니?
음…

grandfather

grass 풀, 잔디

양들이 풀을 먹고 있군.

grass

great 훌륭한, 멋진

우린 어제 멋진 시간을 보냈어요.
뭘 했는데?

grow 자라다, 성장하다

저는 커서 가수가 될 거예요.

guess 추측하다, 짐작하다

아빠 나이를 추측해 볼까?

guess

habit 습관, 버릇

난 놀다가 아침에 자.
넌 좋은 습관을 갖고 있구나.

habit

hair 머리카락

어떤 헤어 스타일을 원하세요?

hair

half 절반, 2분의 1

주리가 케이크의 절반을 먹었어요.

half

hand 손

뭘 숨긴 거야!
손 들어!

hand

handle 손잡이

위험해! 손잡이를 잡아.
괜찮아~

handle

handsome 잘생긴

그는 젊고 잘생겼었지.

handsome

happen 일어나다, 발생하다

무슨 일이지?

happen

happy 행복한, 즐거운

춤출 때 난 너무 행복해.

happy

hard 단단한, 딱딱한

내 의자는 너무 딱딱해.

hard

hat (테두리에 챙이 있는) 모자

모자를 써.

hat

hate 미워하다, 싫어하다

꺄악! 난 지렁이가 싫어.

hate

have 먹다, 가지다

점심 먹었니?

have

headache 두통

머리가 너무 아파.

headache

health 건강

난 건강해.

health

hear 듣다, 들리다

너 그 소식 들었니?
무슨?

hear

heart 심장, 마음

내 심장이 빠르게 뛰고 있어.
두근
두근

heart

heavy 무거운

이 상자 아주 무거운걸.

heavy

help 도움, 돕다, 도와주다

난 네 도움이 필요해.

help

here 여기에(로), 이리

이리 와.

here

hero 영웅

그는 e스포츠의 영웅이에요.

hero

hide 숨기다, 숨다

우리 어디에 숨을까?
여기에 숨자.

hide

high 높이, 높은

걱정 마. 난 높이 뛸 수 있어.
이얍!

high

hill 언덕, 낮은 산

저 언덕을
올라가자.

hill

history 역사

한국은 긴 역사를 가지고 있지.
한국의 역사
설명을 들었어.

history

hit 치다, 때리다

간단해.
손으로 공을 쳐.

hit

hobby 취미

제 취미는 그림 그리기예요.

hobby

hold 잡다, 붙들다

내 손 꽉 잡아.

hold

hole 구멍

양말에 구멍이 났어.

hole

holiday 휴일, 공휴일

우리는 휴일에 일하지 않습니다.

holiday

home 집에, 집으로, 집

정구야, 집에 갈 시간이야.

home

homework 숙제

숙제부터 먼저 해.
에~이, 엄마도 참…

homework

honest 정직한, 솔직한

난 솔직한 대답을 원해.

honest

Review

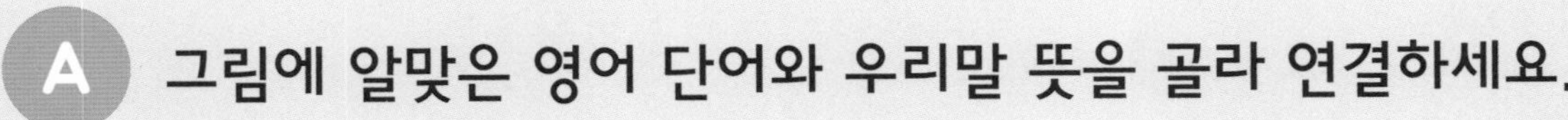

A 그림에 알맞은 영어 단어와 우리말 뜻을 골라 연결하세요.

	headache	물고기, 생선
	fish	치다, 때리다
	handsome	풀, 잔디
	grass	잘생긴
	hit	두통

B 다음 단어들의 뜻을 적어보세요.

finish ______________________

follow ______________________

forget ______________________

glad ______________________

grow ______________________

health ______________________

hobby ______________________

C 우리말에 알맞은 영어 단어를 쓰세요.

신선한 공기를 좀 마시자.

↳ ______________________

네 **미래** 계획은 뭐니?

↳ ______________________

주리가 케이크의 **절반**을 먹었어요.

↳ ______________________

유리는 쉽게 깨진단다.

↳ ______________________

난 **솔직한** 대답을 원해.

↳ ______________________

honey 꿀

벌은 꿀을 만든다.

honey

hope 바라다, 희망하다, 희망

곧 너를 볼 수 있길 바라.

hope

hospital 병원

넌 병원에 가야 해.
주사 맞기 싫어요!

hospital

hot 매운

너무 매워서 못 먹겠어.
HOT SAUCE

hot

hour 시간

난 한 시간 동안 기다렸어.
미안, 내가 급해서….

hour

house 집, 주택

우리 집에 어서 와.
식사를 차려 놨어.

house

how 어떻게

이걸 어떻게 사용하는지 말해 줄래?

human 인간, 사람

크! 시원하다!
인간은 물 없이 살 수 없어.

human

hungry 배고픈

배고프니?
네.

hungry

hurry 서두름, 서두르다

서둘러!
어서 일을 끝내라고!

hurry

hurt 다치게 하다, 아프다

다리를 다쳤는데…

hurt

husband 남편

이 사람은 제 남편이에요.

husband

idea 생각, 아이디어

산으로 갈까?
그거 좋은 생각이야.
난 모르겠는데.

idea

if 만약 ~이면, 만약에

만약 빵집에 간다면…
난 빵을 살 거야.
BAKERY

if

imagine 상상하다

네가 날 수 있다고 상상해 봐.
못 해! 난 높은 곳이 무서워.

imagine

important 중요한

이번 시험은
내게 아주 중요해.

important

in ~ 안에, ~에

아빠는 화장실에 계셔.

in

information 정보, 자료

그 정보는 어디서 얻은 거예요?
인터넷에서 그 정보를 얻었어.

information

insect 곤충

모든 곤충은 다리가 여섯 개야.
아하!

insect

instant 즉석의, 인스턴트의

오빠는 즉석식품을 너무 많이 먹어.

instant

interest 흥미, 관심

난 과학에 흥미가 있어.

interest

introduce 소개하다

우리 엄마를 소개할게요.
엄마는 무술을 해요.

introduce

invite 초대하다

친구들을 초대해서 파티를 하자.
안 돼요.

invite

island 섬

그 섬은 아주 따뜻했어.

island

jacket 재킷

이 재킷은 언제 샀지?
글쎄요.

jacket

jeans 청바지

안 돼요.
제가 제일 아끼는 청바지라구요.

jeans

job 일, 직업, 직장

새로운 일을 구했어요.

job

join 가입하다, 함께하다

나도 클럽에 가입하고 싶어.
어떻게 해야 해?

join

joy 즐거움, 기쁨

아빠가 기뻐서 춤을 추고 있어.
아빠, 무슨 기쁜 일 있어요?

joy

jump 뛰다, 점프하다

점프하자.
계속 뛰어.

jump

jungle 밀림, 정글

미안해!
정글의 왕은 사자야.

jungle

just 지금 막, 방금

미안.
우린 지금 막 밥을 먹었어.

just

keep (상태를) 유지하다, 계속하다

자, 사진 찍는다.
계속 웃어.

keep

key 열쇠, 키

내 차 열쇠를 찾을 수가 없어.

key

kick 차다, 걷어차다, 차기, 킥

할 수 있어!
공을 힘껏 차라구!
ㅇㅇㅇ

kick

kid 아이, 어린이

제 아이들이에요.
거짓말!

kid

kill 죽이다

아악~ 어떡해!
난 거미가 제일 싫어!
거미를 죽이면 안 돼.

kill

kind 종류, 친절한

난 이런 종류의 음식을 좋아하지 않아.
맞아, 너무 맛없어.

kind

king 왕

왜 왕이 되고 싶어?
왕이 되면 공부 안 하고 놀아도 되잖아.

king

kitchen 부엌, 주방

주리가 부엌에서 요리를 하나?
저 여기 있는데요?

kitchen

K

knee 무릎

아이고! 무릎 아파.
아고고!
몸을 굽힐 수가 없네.

knee

knife 칼, 나이프

나이프를 오른손에,
포크를 왼손에 쥐는 거야.

knife

knock (문을) 두드리다, 노크하다

문 좀 그만 두드려!
일을 볼 수가
없잖아.
knock
knock

knock

know 알다, 알고 있다

후후, 나는 답을 다 알고 있지.
정말?

know

ladder 사다리

사다리가 필요해.
잠깐, 사다리는 필요없어.

ladder

lake 호수

호수를 한 바퀴 돌아볼까?
재밌겠어요!

lake

land 육지, 땅

사람들은 육지에 살아.
나도 육지에 살고 싶어.

land

language 언어

나는 4개 국어를 할 수 있어.
hello
안녕하세요
bonjour
你好

language

large 큰, 넓은

주리는 어떤 방을 쓸래?
제일 넓은 방을 쓸래요.

large

last 지난

지난 여름에 산에 캠핑 갔었어요.

late 늦은

학교에 늦었어.

laugh (소리 내어) 웃다

왜 그렇게 크게 웃으시죠?
하 하
하
하
뽕 뽕
웃으면 스트레스가 풀려요.

laugh

lazy 게으른, 나태한

게으름 피우지 마!

lead 안내하다, 이끌다

우리를 그 건물로 안내해 주세요.

leaf 나뭇잎

나뭇잎들이 강물에 떠내려가고 있어.

learn 배우다

learn

난 중국어를 배우고 싶어.
왜?

leave 떠나다, 출발하다

6시에 이미 집을 떠났어요.

leave

left 왼쪽

도서관은 왼쪽에 있어.

left

leg 다리

잰 축구를 하다 다리가 부러졌어.

leg

lesson 수업

난 방과 후에 피아노 수업을 받아.

lesson

let ~하게 하다, ~하도록 허락하다

형이 컴퓨터 써도 된다고 허락했어.

let

letter 편지

너, 내 편지 읽었니?
뭐? 아니!

letter

library 도서관

난 도서관에서 이 책을 빌렸어.
어려운 영어

lie 거짓말하다, 거짓말

나한테 거짓말하지 마세요.

lie

light 빛, 전등

이런!
불이 켜져 있어.

light

like 좋아하다

난 쇼핑하는 거 좋아해.

like

line 선, (기다리는) 줄

꺄악♡
줄 서서 기다리세요.

line

lip 입술

내 입술에 뭐가 묻었어?

lip

list 명단, 목록

네 이름은 명단에 없어.

list

listen 듣다

엄마가 라디오를 듣고 있어요.

listen

little 작은

작은 벌레 한 마리를 봤어.

little

live 살다

착한 아이야, 넌 어디에 사니?

live

long 긴

다음 힌트.
그녀는 머리가 길어.

long

look 보다, ~(해) 보이다

후훗.
나 어때 보여?
음…

look

lose 잃어버리다

난 핸드폰을 자주 잃어버려.

lose

loud 소리가 큰, 시끄러운

뭐라고?
시끄러워서 안 들려.

loud

love 사랑하다

난 여동생을 매우 사랑해.

love

low 낮은

이 의자는 나한테 너무 낮아.

low

luck 운, 행운

행운을 빌어 줘.

luck

lunch 점심

주리야, 오늘 점심은 뭐야?
오늘 학교 점심 메뉴?

lunch

Review

A 그림에 알맞은 영어 단어와 우리말 뜻을 골라 연결하세요.

	hurt	(문을) 두드리다, 노크하다
 아 악~	knock	차다, 걷어차다
 뻥	laugh	다치게 하다, 아프다
 똑 똑 똑 똑	jungle	밀림, 정글
	kick	(소리 내어) 웃다

B 다음 단어들의 뜻을 적어보세요.

hope ______________________

hurry ______________________

important ______________________

interest ______________________

invite ______________________

learn ______________________

loud ______________________

C 우리말에 알맞은 영어 단어를 쓰세요.

넌 **병원**에 가야 해.

↳ ______________________

그거 좋은 **생각**이야.

↳ ______________________

우린 **지금 막** 밥을 먹었어.

↳ ______________________

난 답을 다 **알고 있지**.

↳ ______________________

지난 여름에 산에 캠핑 갔었어요.

↳ ______________________

machine 기계

이 기계는 어떻게 사용해?

machine

mad 화난

아직도 나한테 화났어?

mad

magic 마법, 마술

마법! 넌 마법을 썼어!
그냥 힘으로 폈는데.

magic

mail 우편, 우편물

당신에게 온 우편물이 있어요.

mail

make 만들다

난 쿠키를 만들 거야.

make

man 남자, 사람

저기 있는 저 남자 좀 봐.

man

many 많은

넌 친구가 많니?

many

map 지도

지도에서 그 도시를 찾아보자.
알았어!

map

market 시장

엄마는 시장에 가셨어.
벌써?

market

marry 결혼하다

여보, 나랑 결혼해 주겠어?
어머나!
우엑!

marry

mathematics 수학

일등이한테 물어봐.
1×3=3
2×3=6
일등인 수학을 잘하잖아.

mathematics

matter 문제, 일

무슨 일 있니?

matter

maybe 어쩌면, 아마

아마 집에 없을 거야.

maybe

meal 식사, 끼니

어제 멋진 식사를 했어.

meal

mean 의미하다, 뜻하다

이게 무슨 뜻이야?
I don't know

mean

meat 고기

누나가 고기를 안 먹어요.
살 뺄 거야.

meat

medicine 약

이 약을 먹어.

medicine

meet 만나다

언제 축구할까?
3시에 만나자.

meet

memory 기억(력)

너 기억력이 나쁘구나.
2월 4일 주리 2000원 빌림

memory

message 메시지, 전언

메시지를 남겨도 될까요?
응.

message

middle 가운데, 중앙

한밤중에 뭐 하는 거야?
MIDDLE

middle

mind 마음, 정신

그러니까요…
네 마음 속에 있는 것을 말해.

mind

minute (시간의 단위) 분, 잠깐

잠깐 기다려!

mirror 거울

넌 하루 종일 거울을 보는구나.
응?

mirror

miss 놓치다

마지막 버스를 놓쳤어요.
BUS

miss

mistake 실수, 잘못

실수해도 괜찮아. 기운 내!
99
힝…

mistake

mix 섞다, 혼합하다

팬케이크를 만들자!
MIX
밀가루랑 물을 섞을 거야.

mix

model 모형, 모델

모형 비행기를 만들고 있어요.

model

money 돈

난 돈을 벌어야 해.

money

month 달(개월), 월

재는 6개월 동안 뉴욕에 살았어.

month

moon 달

무슨 소리야~
달님에게 소원을 빌어야지.

moon

morning 아침

오늘 아침 기분이 좋아 보이네.

morning

M

mother 어머니

어머니는 무슨 일을 하시니?

mother

mountain 산

산 정상에 있어요.

mountain

mouth 입

입 벌려 봐.

mouth

move 움직이다

휴…
다리를 움직일 수가 없어.

move

movie 영화

영화 보러 가자.
무슨 영화?

movie

much 많은, 많이

넌 너무 많이 먹어!

much

music 음악

난 음악을 듣고 싶어.

music

must ~해야 한다

넌 이제 집에 가야 해.

must

nail 손톱, 발톱

손톱 그만 물어뜯어라!
또각
또각

nail

name 이름

주리야, 거기서 뭐 해?
쉿! 내 이름 부르지 마!

name

narrow (폭이) 좁은

이 침대는 너무 좁아.

narrow

near 가까운

그녀는 가까운 곳에 있어.
헉!

near

neck 목

주리야! 목에 그게 뭐야?

neck

need 필요하다, ~할 필요가 있다

난 일찍 일어날 필요가 있어.
concert ticket
open 8AM

need

neighbor 이웃

네가 새 이웃이구나!
반가워!

neighbor

never 결코 ~하지 않다

넌 결코 날 도와주는 법이 없어!

never

new 새, 새로운

난 새 차를 갖고 싶어.

new

news 소식, 뉴스

좋은 소식과 나쁜 소식이 있어.

news

next 다음에, 다음으로, 다음의

그 다음은 어떻게 됐니?
어서 말해 줘!

next

nice 멋진, 좋은

오! 오빠!
멋져 보여!

nice

night 밤, 야간

밤에는 외출하지 마.
밖엔 무서운 게 있다고.

night

nobody 아무도 ~않다

으하하! 오늘은 집에 아무도 없어.

nobody

noise (시끄러운) 소리, 소음

소리 내지 마.
히익!

noise

note 쪽지, 메모

제가 할 일은 뭐가 있죠?
메모해 놓을게요.

note

nothing 아무것도 ~ 아니다(없다)

주리야,
다음 주말에 바쁘니?
전 다음 주말엔 할 일이 없어요.

nothing

now 지금, 이제

지금 몇 시지?

now

number 수, 번호

네 전화번호가 뭐니?
024-482-

number

nurse 간호사

저 간호사는 정말 친절해.

nurse

O

o'clock ~시

도서관은 6시에 문을 닫아요.

o'clock

of ~의, ~ 중의

너희들 중 한 명이 내 피자를 먹었어.

of

off ~에서 떨어져, ~에서 벗어나서

힝! 자전거에서 떨어졌어!
에휴.

off

office 사무실

아빠 사무실을 방문했어요.
그래?

office

often 흔히, 자주

넌 학교에 자주 지각을 하는구나.

often

oil 기름

팬에 기름을 좀 둘러.
Olive Oil
그래야 계란이 안 타지.

oil

old 오래된, 늙은

할아버지 차는 매우 오래됐어.

old

on ~ 위에

자, 시험을 시작한다.
책상 위에 있는 물건들을 치우렴.

on

once 한 번

한 번 더!
합!

once

only 단지, 오직

난 단지 10분 늦었을 뿐이야.
난 단지 5분 늦었을 뿐이야.

open 열린

문이 열려 있어!

order 명령하다, 주문하다

난 너에게 노래를 부를 것을 명령한다.
랄랄라~♪
랄랄라~♪

order

other 다른, 그 밖의

주리야, 나 대신에…
난 다른 할 일이 있어.

other

outside 밖에, 밖으로

쟤가 밖에서 널 기다리고 있어.
그래?

outside

oven 오븐

엄마, 집에 오븐 있어요?
아니, 없는데.

oven

own 자기 자신의, 소유하다

난 나만의 방이 있어.
우와~!

own

pack 짐을 싸다, 포장하다

책가방 챙겼니?

pack

paint 페인트칠하다, (물감으로) 그리다

난 벽을 흰색으로 칠하고 있어.

paint

pair 한 쌍(켤레)

신발 두 켤레 샀어.
어머! 누구 거~?

pair

pants 바지

바지를 갈아 입어.
안 돼!

pants

Review

A 그림에 알맞은 영어 단어와 우리말 뜻을 골라 연결하세요.

BUS

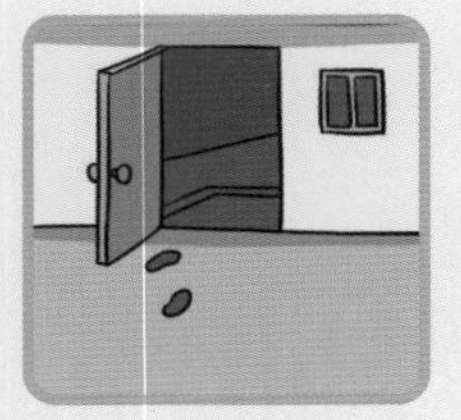

paint	한 쌍(켤레)
pair	놓치다
mountain	산
miss	열린
open	페인트칠하다, (물감으로) 그리다

B 다음 단어들의 뜻을 적어보세요.

mathematics ______________________

mean ______________________

minute ______________________

neighbor ______________________

noise ______________________

office ______________________

order ______________________

C 우리말에 알맞은 영어 단어를 쓰세요.

무슨 **일** 있니?

↳ ______________________

실수해도 괜찮아.

↳ ______________________

난 일찍 일어날 **필요가 있어**.

↳ ______________________

넌 **결코** 날 도와주는 법이 없어.

↳ ______________________

넌 학교에 **자주** 지각을 하는구나.

↳ ______________________

paper 종이

종이 봉투요, 비닐 봉투요?

paper

parent 부모

난 항상 부모님께 감사해.

park 공원

공원으로 산책 가자.

pass 지나가다, 통과하다

누군가 내 옆을 지나갔어.

pass

pay 지불하다

점심 값은 내가 낼게.
우와아!

pay

peace 평화

우린 평화를 원해.

peace

pencil 연필

연필을 떨어뜨렸어.

pencil

people 사람들

호호호~
많은 사람들이 국수를 좋아해.

people

person 사람

ㅇㅇ...
단 한 사람만 선택해야 해.

person

pet 애완동물

재는 애완견 한 마리를 길러.

pet

pick 따다, 꺾다

꽃을 꺾으면 안 돼요!
빠-익
잘못했어요!!!

pick

picnic 소풍, 피크닉

이번 일요일에
소풍을 갈 거야.
Monday 월요일

picnic

picture 그림, 사진

여기서 사진 찍자.

picture

piece 조각, 한 장, 한 개

케이크 두 조각 주세요.
저런…
손님…

piece

pilot 조종사, 조종하다

그럼 이 설명서
다 외워.
조종사가 되려면
공부를 잘해야 해.

pilot

place 장소, 곳

쉴 곳을 찾아 보자.

place

plan 계획, 계획하다

공부 계획을 세우겠어.

plan

plant (나무 등을) 심다

큰일 났어!
아빠가 정원에 나무를 심었어.

plant

plastic 플라스틱

이 컵은 플라스틱으로 만들어졌군요.

plastic

plate 접시

형이 접시에 샐러드를 담고 있어.

plate

play 놀다, (게임, 경기를) 하다

둘이 같이 놀지 마!

play

please 부디, 제발

엄마 생일이에요!
제발 잊지 마세요!

please

pocket (호)주머니

네 주머니 속에 뭐가 있지?

pocket

point 요점, 중요한 것

그게 중요한 게 아니야.
왜요?

point

police 경찰

내 가방을 가져갔어요.
경찰을 불러 주세요.

police

pond 연못

연못에 오리들 좀 봐.
너무 귀엽다!

pond

poor 가난한, 불쌍한

저 불쌍한 고양이는 너무 말랐어.

poor

popular 인기 있는

이 춤이 요즘 아주 인기 있어.

popular

possible 가능한

그 표를 구하는 게 어떻게 가능했니?
CONCERT

possible

post (우편물을) 발송하다, 부치다

편지를 부쳐야 하는데,
우체국이 어디니?
왼쪽으로
가세요.

pour 따르다, 붓다

앗 뜨거워!
찬물을 더 따라 주세요.

pour

power 힘, 능력

주리는 우릴 웃게 만드는 힘이 있어.

power

practice 연습하다, 연습

넌 매일 연습해야 돼.

practice

present 선물

엄마 선물을 고르자.

present

pretty 예쁜

내 여동생은 꽃처럼 예뻐.

pretty

price 가격, 값

이걸 아주 싼 가격에 샀거든.
special price
20000 won

price

prize 상, 상품

나 상 받았어.
또? 무슨 상이야?
1

prize

problem 문제, 어려움

내 컴퓨터에 문제가 있어요.

problem

promise 약속, 약속하다

약속 지켜.
응.

promise

proud 자랑스러워하는, 자랑스러운

다 먹었쪄요!
난 네가 정말 자랑스러워!

proud

pull 끌다, 잡아당기다

내 머리카락 잡아당기지 마!

pull

puppy 강아지

강아지 한번 안아 봐도 돼요?

puppy

push 밀다

문 좀 밀어 주실래요?

push

put 놓다, 두다

상자를 여기에 놔.

put

queen 여왕

영국의 여왕이야.

queen

question 질문

수업 끝!
질문 있니?

quick 신속한, 빠른

지하철로 가는 게 빠르겠어.
SUBWAY

quiet 조용한, 고요한

사무실이 너무 조용하네.

quiet

race 경기, 경주

경기가 1시간 후에 시작이군.

race

rain 비가 오다

오늘 오후에 비가 올지도 몰라.

rain

reach 도착(도달)하다, (손이) 닿다

난 맨 위 선반에 손이 닿지 않아.

reach

read 읽다

정구야, 자기 전에 책 읽어 줄까?
네!

read

ready 준비가 된

나갈 준비 다 됐니?
거의 다 됐어요.

ready

real 진짜의

이거 진짜 머리 맞아요?
진짜 제 머리랍니다.

real

receive 받다

봐! 나 할인 쿠폰 받았어.
50%

receive

recipe 요리법, 레시피

난 특별한 요리법을 찾았어.

recipe

recycle 재활용하다

종이를 재활용해야지!

recycle

refrigerator 냉장고

냉장고에서 우유를 꺼내 줘.

refrigerator

remember 기억하다

너 비밀번호 기억하니?
그럼요!

remember

repeat 다시 말하다, 반복하다

이럴 수가… 주리가 먹을 걸 양보하고 있어!!!
다시 말해 줄래?
주리는 예뻐~♡

repeat

reply 대답하다, 답장하다

내 질문에 답해!

reply

rest 휴식, 쉬다, 휴식하다

일등아, 넌 좀 쉬어야 해.
무슨 소리야!

rest

restaurant 식당, 음식점

여긴 식당이 없는데?

restaurant

restroom (공공장소의) 화장실

화장실이 어디지?
오우!

restroom

result 결과

넌 그 결과에 만족하니?
124kg
고도비만

result

return 돌아가다(오다)

집에 돌아오면 손부터 씻어.

return

rice 밥, 쌀

난 점심으로 밥이랑 김치만 먹었다니까.

rich 부유한, 부자인

내 꿈은 부자가 되는 거야.

rich

ride 타다, 타기

너 말 탈 줄 아니?
아니!

ride

right 옳은, 올바른

거짓말 하는 건 옳지 않아.
거짓말
안 해요.

ring 반지

엄마! 아빠가 결혼반지를 잃어버렸대요.

river 강

난 이 강을 건너야 해.
잠깐!
지금 건너면 위험해!

river

road 길, 도로

도로에 차들이 너무 많아.

road

rock 바위, 돌

너 저 큰 돌을 옮길 수 있겠니?
물론이지!

rock

roll 구르다, 굴리다

굴러!

roll

room 방

우리 집엔 방이 세 개나 있어.
우와~!

room

round 둥근

얼굴이 둥글어.
저보다 더 둥글어요?

round

rude 무례한, 버릇없는

버릇없이 굴지 마!
찰싹

rude

rule 규칙, 규정

너 야구 규칙 아니?
그럼요!

rule

run 달리다, 뛰다

과장님은 정말 빨리 달려.
진짜? 거짓말!

run

Review

A 그림에 알맞은 영어 단어와 우리말 뜻을 골라 연결하세요.

	rain	연습하다
	practice	밀다
	prize	구르다, 굴리다
	push	상, 상품
	roll	비가 오다

B 다음 단어들의 뜻을 적어보세요.

parent ______________________

place ______________________

popular ______________________

proud ______________________

quiet ______________________

receive ______________________

remember ______________________

C 우리말에 알맞은 영어 단어를 쓰세요.

많은 **사람들**이 국수를 좋아해.
↳ ______________________

제발 잊지 마세요!
↳ ______________________

내 컴퓨터에 **문제**가 있어요.
↳ ______________________

넌 그 **결과**에 만족하니?
↳ ______________________

난 이 **강**을 건너야 해.
↳ ______________________

sad 슬픈

내가 슬퍼 보여?

sad

safe 안전한

여기서 수영하는 게 안전하니?
네!

safe

salt 소금

소금을 뿌려 봐. 좀 더 맛있을 거야.

salt

same 같은, 동일한

우린 동갑이에요.

same

sand 모래

눈에 모래가 들어갔어.
뭐?

sand

save 구하다

소식 들었어요?
개가 사람의 목숨을 구했대요!

save

say 말하다

이름을 말해!
너야말로 누구냐!

say

scared 겁먹은, 두려워하는

겁먹지 마!
무서운 영화

scared

schedule 일정, 예정

앨리스 아가씨는 오늘 일정이 바쁩니다.
저런, 그럼 다른 친구랑 놀게요.

schedule

school 학교

넌 어느 학교에 다니니?
저요?

school

science 과학

오늘 과학 수업이 있어.

science

score 득점, 점수, 득점하다

점수는 2대 3이었어요.
BASEBALL
2 : 3

score

sea 바다

정구는 바다에서 수영하는 걸 좋아해.

sea

season 계절

넌 어떤 계절을 좋아하니?

season

seat 좌석, 자리

자리에 앉으세요.

seat

secret 비밀

엄마한테 네 비밀을 말할 거야.

secret

see 보다

너 그 영화 봤니?
지구를 지키자!

see

sell 팔다

생선 파나요?
여긴 정육점이야.

sell

send 보내다, 발송하다

서둘러! 주리에게 빨리 문자 보내.

주리야 케이크
가 하나밖에
없어!!

send

serious 심각한

넌 심각한 실수를 했어.

serious

shake 흔들(리)다, 떨(리)다

다리 떨지 마.

shake

shape 형태, 모양

무슨 모양이지?

shape

share 함께 쓰다, 공유하다

난 형과 방을 함께 써.
정말?

share

ship 배, 선박

그 친구는 배를 타고 미국으로 떠났어요.
미국까지 몇 주는 걸릴걸요.

ship

shock 충격, 충격적인 일

그 소식 충격이야.
?

shock

shoe 신발, 구두

신발 한 짝을 잃어버렸어.

shop 가게, 상점

가게가 문을 닫았네.
SUPERMARKE
CLOSED

short 짧은, 키가 작은

셔츠가 짧아졌어.

short

shout 소리치다, 외치다

나한테 소리 지르지 마!

shout

show 보여 주다

앨리스가 앨범을 보여 줬어.

show

shower 샤워, 샤워실, 샤워기

?
누가 있지?
형이 샤워 중이야.

shower

shut 닫다

저기요.
창문 좀 닫아 주세요.

shut

shy 부끄러움을 타는, 수줍어하는

앞! 앞을 보랬지!!!
난 수줍은 소년이라고!

shy

sick 아픈, 병든

걔가 감기로 아프대.
뭐라고?

sick

side 쪽, 측, 면

이쪽으로 건너 와.
나랑 놀자!

side

sign 표지판, 푯말

저 표지판은 천천히 가라는 뜻이야.
SLOW

sign

simple 간단한, 단순한

이건 사용하기 간단해요.

simple

sing 노래하다

가수를 불러왔어.
이 가수는 노래를 아주 잘해.

sing

sit 앉다

여기 앉아도 돼요?

sit

size 크기, 치수

무슨 사이즈를 입으시죠?

size

skill 솜씨, 기술

넌 특별한 기술이 있니?
아니, 없어.

skill

sky 하늘

걱정 마. 내일은 하늘이 맑을 거야.

sky

sleep 자다

난 밤에도 자고…
zzz
낮에도 잔다고.

sleep

slide 미끄러지다, 미끄럼틀

쭉 내려와요!
하나도 안 빨라요!
그래?

slide

slow 느린, 더딘

컴퓨터가 왜 이렇게 느리지?

slow

small 작은

이건 너무 작아 보여요.
그래?
잠깐만.

small

smart 영리한, 똑똑한

내 개는 아주 영리해.
우리 집 고양이는 냉장고를 정리해.

smart

smell 냄새를 맡다, 냄새가 나다

킁킁.
가스 냄새가 나.

smell

S

smile 웃다, 미소 짓다

그녀가 내게 미소 지었어.
준비한 식사가 괜찮았나 봐.

smile

smoke 연기

콜록콜록!
부엌에 연기가 자욱해.

smoke

snow 눈이 오다, 눈

일어나 봐, 형아!
하루 종일 눈이 왔어.

snow

so 매우, 아주

이 아기 너무 귀여워.

so

soccer 축구

재 유명한 축구 선수잖아.

soccer

sock 양말

내 양말을 찾고 있어.

soft 부드러운

음~
이 스웨터는 정말 부드러워.

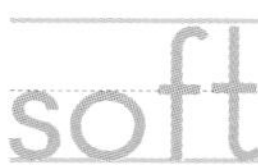

solve (문제를) 풀다, 해결하다

난 이 퍼즐을 풀 수 있어.

solve

some 몇몇의, 약간의

책 몇 권 빌릴 수 있을까?
어?

some

someday (미래의) 언젠가

난 언젠가 남극에 가고 싶어.

someday

someone 어떤 사람, 누구

집 안에 누군가 있어.

someone

son 아들

훌륭한 아드님을 두셨네요.
처… 천천히 가요!

son

soon 곧, 머지않아

널 곧 만나길 바라.

soon

sorry 미안한, 유감스러운

어제 일은 미안해. 화해하자.

sorry

sound 소리, 음성

이상한 소리가 들려.
부스럭
부스럭

sour 신, 시큼한

스~
엄청… 시네.
스~읍~

sour

south 남쪽, 남쪽의

추워! 겨울이
오고 있어.
따뜻한 남쪽으로 가자.

south

space 공간, (비어 있는) 자리

주차할 공간이 없어.

space

speak 이야기하다, 말하다

아빠! 저 대신 핫도그
좀 사 주세요!

난 엄마와 이야기하는 중이야.

speak

special 특별한

아이들을 위한 특별 메뉴가 있나요?

special

speed 속도, 속력

전속력으로 달리는 거야.
헥
헥

speed

spend (시간을) 보내다

난 친구들과 주말을 보낼 거야!

spend

spicy 매콤한, 자극적인

난 매콤한 음식을 좋아해.

sport 스포츠, 운동

넌 무슨 운동하는 걸 좋아하니?
나?

sport

spring 봄

봄이 오고 있어.

spring

square 정사각형의, 정사각형

이 사과를 정사각형
모양으로 만들어 줘.

square

stair 계단

엘리베이터 대신 계단을
이용해야지.
2nd
floor

stair

stand 서 있다, 서다

일어나!

stand

star 별

어머, 예쁜 별이다!

star

start 출발하다, 시작하다

우리 언제 출발해요?
조금만 더 자고….

station 역, 정류장

다음 역은 어디지?

stay 머무르다, 묵다

stay

비가 오면 난 집에 있을 거야.

Review

A 그림에 알맞은 영어 단어와 우리말 뜻을 골라 연결하세요.

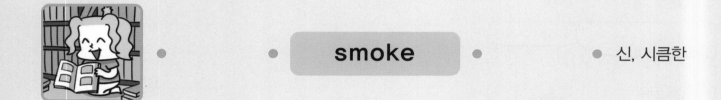

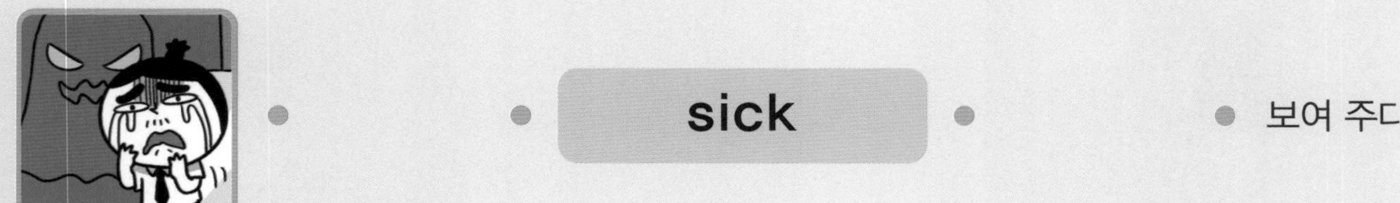

그림	영어 단어	우리말 뜻
●	● sick ●	● 보여 주다
●	● smoke ●	● 신, 시큼한
●	● sour ●	● 겁먹은, 두려워하는
●	● show ●	● 연기
●	● scared ●	● 아픈, 병든

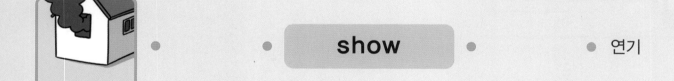

B 다음 단어들의 뜻을 적어보세요.

seat ______________________

shout ______________________

simple ______________________

smell ______________________

solve ______________________

spring ______________________

stay ______________________

C 우리말에 알맞은 영어 단어를 쓰세요.

오늘 과학 수업이 있어.

↳ ______________________

주리에게 빨리 문자를 보내.

↳ ______________________

난 형과 방을 함께 써.

↳ ______________________

난 언젠가 남극에 가고 싶어.

↳ ______________________

주차할 공간이 없어.

↳ ______________________

step 걸음

앞으로 다섯 걸음 걸어.

step

stick 나뭇가지, 막대기

불을 피우자.
가서 마른 나뭇가지를 좀 구해 오렴.

stick

still 여전히, 아직

주리가 아직 자고 있어.

still

stomach 위, 배

배가 아파.

stomach

stone 돌

연못에 돌 던지지 마!

stone

stop 멈추다, 중단하다

코 좀 그만 후벼.
퍽

stop

store 가게, 상점

정구야!
저기 장난감 가게에 가 볼까?
네!

TOY STORE

store

story 이야기

뭐 재미난 이야기가 있니?
네.

story

straight 똑바로, 곧장

어디로 새지 말고,
집으로 곧장 가!
네~

straight

strange 이상한, 낯선

무슨 일이야?
이상한 꿈을 꿨어.

strange

stranger 낯선(모르는) 사람

낯선 사람을 따라가면 안 돼요.
네~

stranger

street 거리, 길

정신이 못 봤니?
길에서 봤어요.

street

strong 힘센, 강한

우리 누나는 힘이 세요.

strong

student 학생

난 고등학생이야.

student

study 공부하다

주리는?
공부하러 도서관에 갔어.

study

stupid 어리석은, 멍청한

오늘도 꿀통을 놓고 왔어요?
내가 그렇게 멍청하진 않아.

stupid

subject 과목, 주제

내가 좋아하는 과목은 체육이야.

subject

subway 지하철

@SUBWAY
지하철을 타자.

subway

sugar 설탕

설탕 너무 많이 넣지 마.

sugar

summer 여름

올 여름은 벌써 너무 더워.

summer

sun 해, 햇빛

벌써 해가 중천에 떠 있어.

sun

supper (간단한) 저녁 식사

저녁 먹을래?
아뇨, 다이어트 할래요.

sure 확신하는

여기에 보물이 있어.
확실해?

surprise 뜻밖의 일, 놀라운 일

널 위해 깜짝파티를 하는 거야.
갑자기 무슨 파티예요?

surprise

sweet 단, 달콤한

난 단것은 뭐든 좋아해요.
이유가 뭘까요?

sweet

swim 수영하다, 헤엄치다

다들 수영을 잘하네.

swim

swimsuit 수영복

알겠으니까,
수영복으로 갈아입어.

swimsuit

switch 스위치, 전환

스위치를 켜.
어디?

switch

table 탁자, 식탁

뭘 할까요?
식탁 위에 컵을 놓아.

table

take 잡다

엄마!
오빠가 내 팔을 잡았어.
비겁하다!
동생 괴롭히지 마!

take

talk 말하다, 이야기하다

엄마…
잠깐 이야기 좀 할 수 있을까요?
무슨 이야기?

talk

tall 키가 큰, 높은

우와! 정말 높은 건물이다!

tall

taste 맛이 나다, 맛보다, 맛

이 피자는 단맛이 나.

taste

teach 가르치다

어떻게 요리하는지 가르쳐 줄게.

teach

team (경기 등의) 팀

레드팀 대 블루팀.
어느 팀이 경주에서 이길까?

team

tease 놀리다, 괴롭히다

여동생 그만 놀려!

tease

teen 십 대

이 노래는 십 대들에게 인기가 있어요.

teen

tell 말하다, 이야기하다

거짓말하면 안 돼.
솔직히 말해.

tell

test 시험

시험 잘 봤니?

test

textbook 교과서

교과서 펴라.
ENGLISH

textbook

than ~보다

난 너보다 나이가 많아.
20년은 살거든.

than

thank 감사하다, 고마워하다

와 줘서 고마워.

thank

there 거기에, 그곳에

나도 너랑 같이 거기 갈 거야.
괜찮겠어?

thick 두꺼운, 두툼한

두꺼운 옷을 입어야지.

thick

thin 얇은, 마른

어쩜, 키도 크고 말랐어.

thin

thing 것, 물건

난 단것을 좋아하지 않아.

thing

think 생각하다

주리를 어떻게 생각해?

think

thirsty 목마른

목마르니?
응, 목말라.

thirsty

throat 목구멍, 목

목이 아파요.

throat

through 통(과)하여, 지나서

우린 터널을 지나고 있어.

through

throw 던지다

공 좀 던져 주세요!

throw

ticket 표, 입장권

입장하려면 표가 필요해.
으… 아깝게…

ticket

tie 묶다, 매다

엄마!
머리 묶어 주세요.
Juri
그럴까?

tie

tight (옷이) 꽉 끼는, 딱 붙는

이 셔츠는 나한테 꽉 끼는 것 같아.

tight

time 시각, 시간

헉?!
지금 몇 시지?

time

tired 피곤한, 지친

많이 피곤하니?
영어 시험 얘기나
같이 해 볼까?
ENGLISH
0점

tired

to ~으로, ~에

그 손님이 우리 빵집에 또 올까요?
걱정 마. 그 손님은 꼭 다시 올 거야.

to

today 오늘

오늘은 피자 어때?
그 의견에 반대!

today

together 같이, 함께

같이 타자.

together

tomorrow 내일

내일 데이트가 있어.

tomorrow

tonight 오늘 밤에, 오늘 밤

오늘 밤에 별똥별을 볼 수 있을까?

tonight

too 역시, 너무

너무 시끄러워.

too

tooth 이, 치아

이 닦는 게 너무 귀찮아.

tooth

top 맨 위의, 꼭대기, 정상

꼭대기 층까지 올라가자.

top

touch 만지다

내 물건 만지지 마.

touch

tower 탑

너 에펠탑에 가 본 적 있니?

tower

toy 장난감

내 옛날 장난감들 너 가져.

toy

train 기차

이게 부산행 기차인가요?
그래.

train

trash 쓰레기

여기에 쓰레기 버리지 마.

trash

tree 나무

조심해!
나무에서 뛰어내리지 마.

tree

trip 여행

우린 이제 여행을 떠나는 거야.
히히, 신난다.
JULJUL AIRLINE
JULJUL AIRLINE

trip

trouble 문제, 말썽

내가 없는 동안 말썽 부리지 마.
네.

trouble

true 사실인, 맞는

그 소식은 사실이 아니었어.
승진 기념 파티

true

try 노력하다, 시도하다

낑!
낑!
내가 해 볼게.

try

turn 순서, 차례

잠깐! 아직 내 차례야.
네 차례를 기다려.

twice 두 번

난 이 책을 두 번 읽었어.
무슨 책인데?

twice

umbrella 우산

우산은?
난 우산을 안 가져왔어.

umbrella

uncle 삼촌, 아저씨

우리 삼촌은 외딴섬에 살고 있어.

uncle

under ~ 아래(밑)에

침대 밑에 숨어서 주리를 깜짝 놀래 주자.
OK!

under

understand 이해하다

난 네 질문을 이해하지
못하겠어.

understand

Review

A 그림에 알맞은 영어 단어와 우리말 뜻을 골라 연결하세요.

	swim	공부하다
	tall	맛이 나다, 맛보다
	study	수영하다, 헤엄치다
	under	~아래(밑)에
	taste	높은, 키가 큰

B 다음 단어들의 뜻을 적어보세요.

strong ______________________

thin ______________________

throw ______________________

tired ______________________

tonight ______________________

try ______________________

understand ______________________

C 우리말에 알맞은 영어 단어를 쓰세요.

난 **이상한** 꿈을 꿨어.
→ ______________________

내가 좋아하는 **과목**은 체육이야.
→ ______________________

와 줘서 **고마워**.
→ ______________________

내일 데이트가 있어.
→ ______________________

네 **차례**를 기다려.
→ ______________________

uniform 제복, 유니폼

경찰 제복도 너무 멋져!

uniform

until ~ (때)까지

내가 올 때까지 기다려.
먹지 말고!

until

up ~ 위로(에)

계단을 올라가자!

up

upset 화난, 속상한

왜 그렇게 화가 났는지 말해 봐.

upset

upstairs 위층으로, 위층에(서)

주리 누나, 급해!
위층으로 가!

upstairs

use 쓰다, 사용하다

내 노트북을 쓰면 되는데.

use

useful 쓸모 있는, 유용한

정말 유용한 정보야.
SUPERMARKET

useful

usual 평소의, 보통의

저 평소보다 일찍 일어났어요.

usual

vacation 방학, 휴가

정구야, 너 방학 숙제
다 했니?

vacation

vegetable 채소, 야채

토마토는 과일이야, 야채야?

vegetable

very 매우, 정말

정말, 정말 고마워, 오빠!
뭐가 고마운 거야?

very

vet 수의사

개를 수의사에게 데려가자.

vet

view 경치, 전망

우리 전망이 좋은
방을 원해요.
전망이 좋은 방이요?

view

village (시골) 마을

옛날 옛적,
어느 작은 마을에…

village

visit 방문하다

난 파리에 있는 삼촌을 방문할 거야.

visit

voice 목소리, 음성

아빠, 식사하세요!
뭐? 큰 소리로 말해!

voice

wait 기다리다

엄마!
언제 다 돼요?
잠깐 기다려.

wait

wake 잠에서 깨다, 일어나다

주리야, 학교 가야지.
아빠 출근할 때 깨워 주세요.

wake

walk 걷다, 걷기, 산책

더 갈래?
우린 오늘 많이 걸었어요.

walk

wall 벽, 담

벽에 이 포스터를 붙이자.

wall

wallet 지갑

난 지갑에 돈이 없어.
쳇!

wallet

want 원하다, ~하고 싶다

난 이 모자를 쓰고 싶지 않아.

want

war 전쟁

난 전쟁 영화를 좋아해.

war

warm 따뜻한

자기 전에 따뜻한 물로 목욕을 해.

warm

wash 씻다

먹기 전에는 꼭 손을 씻어야 해요!
정신이 말이 옳아!

wash

waste 낭비하다

시간을 낭비하지 마.

waste

watch 보다, 지켜보다

그렇게 지켜보지 마.
그래도 안 줄 거야.
그게 아니라…

watch

water 물

쟤들은 물과 기름 같아.

water

waterproof 방수의

내 핸드폰은 방수가 돼.

wave 파도, 물결

선장님! 큰 파도가 밀려와요!

wave

way 길, 방법

이게 가장 좋은 방법이야.
밑에서 차곡차곡 쌓는 거지!

way

weak 약한, 힘이 없는

쟤는 허약해.

weak

wear 입다, 신다, 쓰다

춥다 추워!
내복을 입어야지.

wear

weather 날씨

밖에 날씨 어때?
비가 와요.

weather

week 주, 일주일

드디어 오늘이군!
이번 주는 어떤 내용일까?
사랑은
못말려

week

weekend 주말

형은 주말마다 외출하네.
어딜 가는 거지?

weekend

weight 무게, 체중

아니!
우리 손녀!
너 몸무게가 얼마나 나가니?

weight

welcome 환영하다

데려왔어~
우리 집에 온 걸 환영해.
WELCOME

well 잘, 훌륭하게

난 정말 춤을 잘 추고 싶어.

west 서쪽

이쪽이 서쪽인가?

west

wet 젖은

세상에! 우산이 없었니?
다 젖었어.

wet

what 무엇, 어떤 것

이건 다 뭐지?

what

wheel 바퀴

오토바이는 바퀴가 몇 개?
두 개!

wheel

when 언제

누나는 언제 올까요?

when

where 어디에, 어디로

너 어디 가니?

where

which 어느(어떤) 것

어느 것이 더 낫니?

which

while ~하는 동안

아빠가 쉬시는 동안 방해하지 마라.

네!

while

white 흰, 흰색의

너 흰 셔츠를 입으니 아주 멋져 보여.

white

who 누구

너… 넌 누구니?
누군지 말해!

who

why 왜, 어째서

정구야!
너 왜 혼자 있어?

why

wide (폭이) 넓은, 활짝, 완전히

주리가 입을 크게 벌린다!

wide

wife 아내

아내에게 줄 선물을
찾고 있어요.

wife

wild 야생의

야생동물을 조심하라구?
야생동물
주의
훗. 설마 이런 작은 산에?

wild

win 이기다

다음 번엔 꼭 이길 거야.

win

wind 바람

휴, 바람이 정말 강했어!

wind

window 창문

창밖을 봐.
멋진 바다가 보여!

window

wing 날개

천사는 어떻게 생겼어?
날개가 있고…

wing

winter 겨울

난 겨울에는 우울해.

winter

wish 소원, 바라다, 원하다

안녕! 나는 램프의 요정!
무슨 소원이든 들어주지.

wish

with ~와 함께

여동생이랑 싸우지 마.

with

without ~ 없이

난 안경 없이는
볼 수 없어요.

without

woman 여자, (성인) 여성

주리는 용감한 여자야.
신난다!

woman

wonder 궁금하다

그가 정말로 올지 궁금해.

wonder

wonderful 멋진, 훌륭한

난 멋진 시간을 보내고 있어.

wonderful

wood 나무, 목재

우리 주변의 많은 물건들이
나무로 만들어져.

wood

word 단어, 말

이 영어 단어를 모르겠어.

MONEY

word

work 일하다, 일

큰엄마는 미용실에서 일해.

work

world 세계

난 세계 여행을 하고 싶어.

world

worry 걱정하다, 근심하다

걱정하지 마. 안 무서워.
귀신의 집

worry

wrap 싸다, 포장하다

이것 좀 포장해 주실래요?
네!

wrap

write 쓰다

주리가 달력에 뭔가 쓰고 있어.
2

write

wrong 틀린, 잘못된

어쩌지? 길을 잘못 들었어.

wrong

year 년, 해

넌 올해 뭘 할 거니?
ABC
올해엔 꼭 영어 공부를 할 거예요.

year

yesterday 어제

나 어제 아팠어.
뭐?

yesterday

yet 아직

괜찮아! 가자!
난 아직 준비가 안 됐어요….

yet

young 어린, 젊은

형은 어렸을 때 어땠어요?
정신이?

young

zebra 얼룩말

하하하!
너 꼭 얼룩말 같아.

zebra

zero 영, 0

그럼! 바깥 기온이 영하야.
0℃

zero

zone 구역, 지대

여긴 주차 금지 구역이에요.
아니, 왜죠?

zone

zoo 동물원

찾았다!
여기가 환상의 동물원이에요.
ZOO

zoo

Review

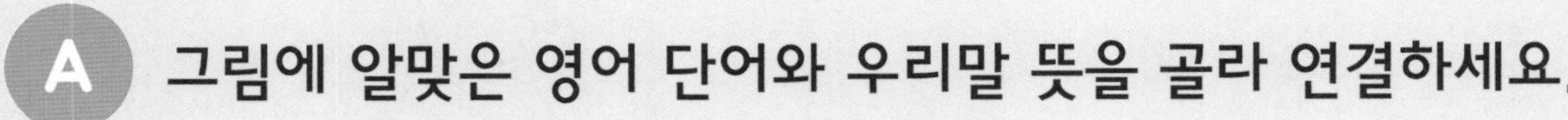

A 그림에 알맞은 영어 단어와 우리말 뜻을 골라 연결하세요.

wet — 잠에서 깨다, 일어나다

write — 바람

uniform — 젖은

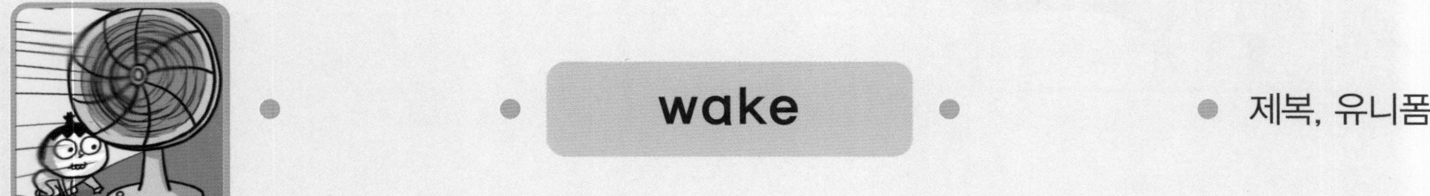

wake — 제복, 유니폼

wind — 쓰다

B 다음 단어들의 뜻을 적어보세요.

until ______________________

useful ______________________

visit ______________________

watch ______________________

worry ______________________

wrong ______________________

year ______________________

C 우리말에 알맞은 영어 단어를 쓰세요.

토마토는 과일이야, **야채**야?

↳ ______________________

자기 전에 **따뜻한** 물로 목욕을 해.

↳ ______________________

밖에 **날씨** 어때?

↳ ______________________

우리 집에 온 걸 **환영해**.

↳ ______________________

나 **어제** 아팠어.

↳ ______________________

정답

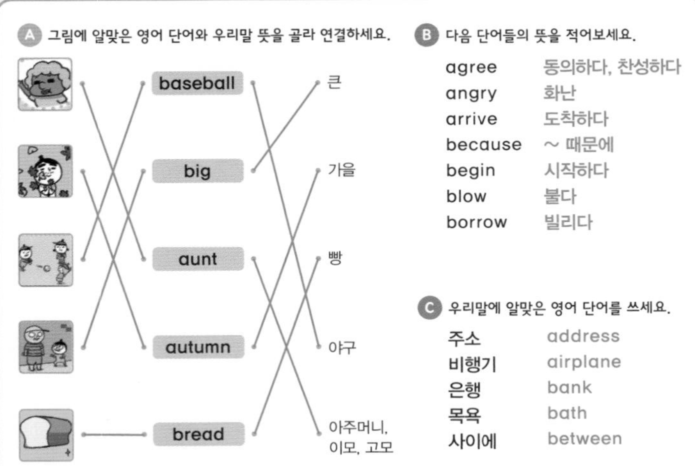

26~27쪽

A 그림에 알맞은 영어 단어와 우리말 뜻을 골라 연결하세요.

baseball, big, aunt, autumn, bread

큰, 가을, 빵, 야구, 아주머니, 이모, 고모

B 다음 단어들의 뜻을 적어보세요.

agree	동의하다, 찬성하다
angry	화난
arrive	도착하다
because	~ 때문에
begin	시작하다
blow	불다
borrow	빌리다

C 우리말에 알맞은 영어 단어를 쓰세요.

주소	address
비행기	airplane
은행	bank
목욕	bath
사이에	between

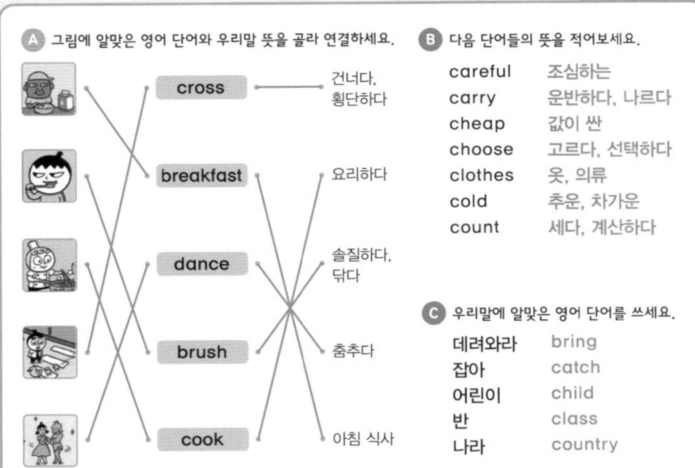

48~49쪽

A 그림에 알맞은 영어 단어와 우리말 뜻을 골라 연결하세요.

cross, breakfast, dance, brush, cook

건너다, 횡단하다, 요리하다, 솔질하다, 닦다, 춤추다, 아침 식사

B 다음 단어들의 뜻을 적어보세요.

careful	조심하는
carry	운반하다, 나르다
cheap	값이 싼
choose	고르다, 선택하다
clothes	옷, 의류
cold	추운, 차가운
count	세다, 계산하다

C 우리말에 알맞은 영어 단어를 쓰세요.

데려와라	bring
잡아	catch
어린이	child
반	class
나라	country

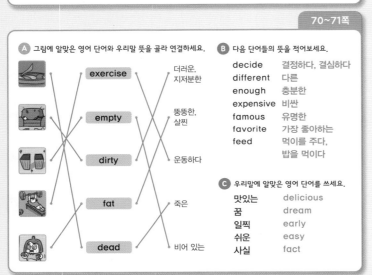

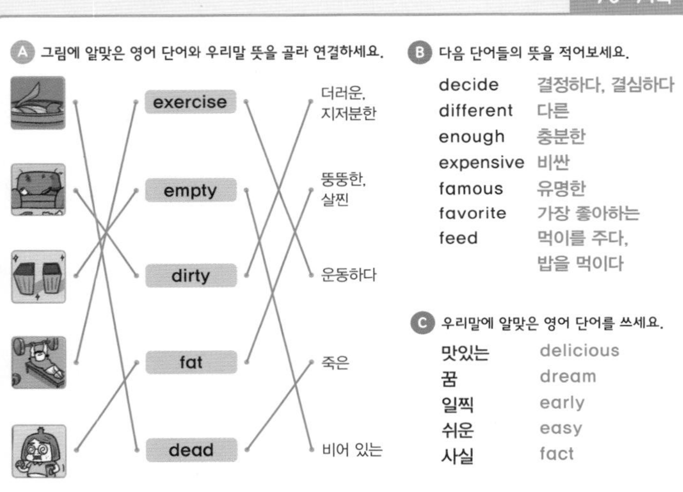

70~71쪽

A 그림에 알맞은 영어 단어와 우리말 뜻을 골라 연결하세요.

exercise, empty, dirty, fat, dead

더러운, 지저분한, 뚱뚱한, 살찐, 운동하다, 죽은, 비어 있는

B 다음 단어들의 뜻을 적어보세요.

decide	결정하다, 결심하다
different	다른
enough	충분한
expensive	비싼
famous	유명한
favorite	가장 좋아하는
feed	먹이를 주다, 밥을 먹이다

C 우리말에 알맞은 영어 단어를 쓰세요.

맛있는	delicious
꿈	dream
일찍	early
쉬운	easy
사실	fact

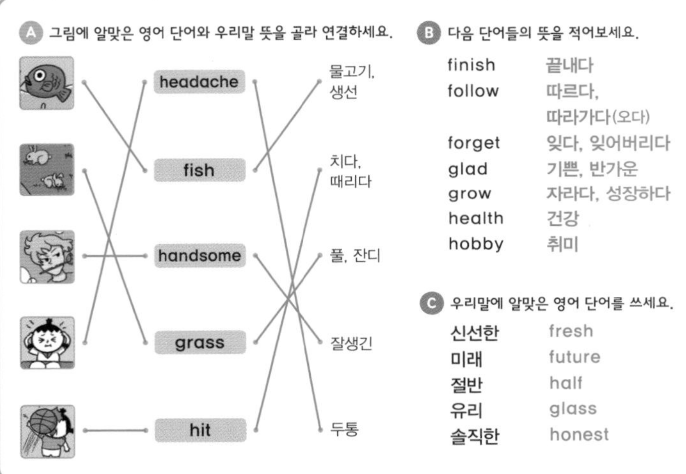

92~93쪽

A 그림에 알맞은 영어 단어와 우리말 뜻을 골라 연결하세요.

headache, fish, handsome, grass, hit

물고기, 생선, 치다, 때리다, 풀, 잔디, 잘생긴, 두통

B 다음 단어들의 뜻을 적어보세요.

finish	끝내다
follow	따르다, 따라가다(오다)
forget	잊다, 잊어버리다
glad	기쁜, 반가운
grow	자라다, 성장하다
health	건강
hobby	취미

C 우리말에 알맞은 영어 단어를 쓰세요.

신선한	fresh
미래	future
절반	half
유리	glass
솔직한	honest

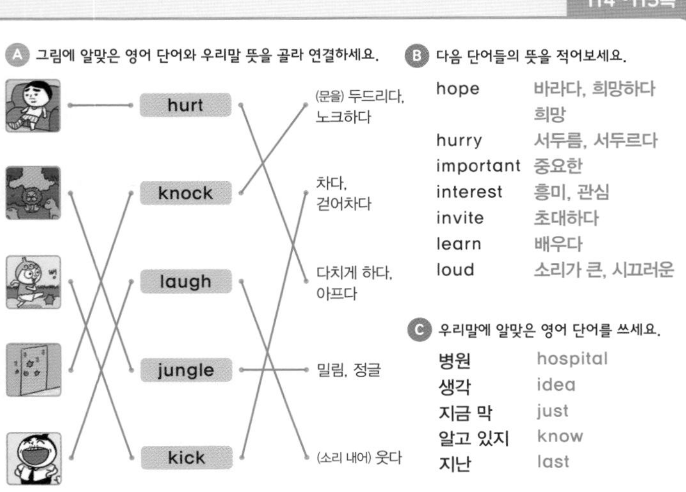

114~115쪽

A 그림에 알맞은 영어 단어와 우리말 뜻을 골라 연결하세요.

hurt, knock, laugh, jungle, kick

(문을) 두드리다, 노크하다, 차다, 걷어차다, 다치게 하다, 아프다, 밀림, 정글, (소리 내어) 웃다

B 다음 단어들의 뜻을 적어보세요.

hope	바라다, 희망하다 희망
hurry	서두름, 서두르다
important	중요한
interest	흥미, 관심
invite	초대하다
learn	배우다
loud	소리가 큰, 시끄러운

C 우리말에 알맞은 영어 단어를 쓰세요.

병원	hospital
생각	idea
지금 막	just
알고 있지	know
지난	last

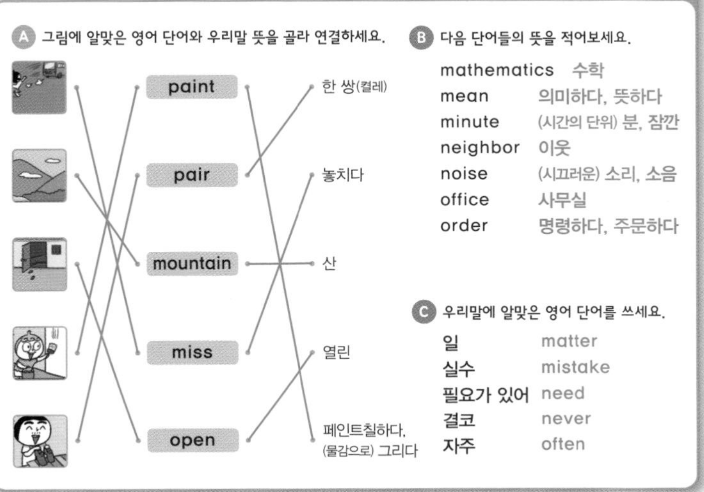

136~137쪽

A 그림에 알맞은 영어 단어와 우리말 뜻을 골라 연결하세요.

paint, pair, mountain, miss, open

한 쌍(켤레), 놓치다, 산, 열린, 페인트칠하다, (물감으로) 그리다

B 다음 단어들의 뜻을 적어보세요.

mathematics	수학
mean	의미하다, 뜻하다
minute	(시간의 단위) 분, 잠깐
neighbor	이웃
noise	(시끄러운) 소리, 소음
office	사무실
order	명령하다, 주문하다

C 우리말에 알맞은 영어 단어를 쓰세요.

일	matter
실수	mistake
필요가 있어	need
결코	never
자주	often

158~159쪽

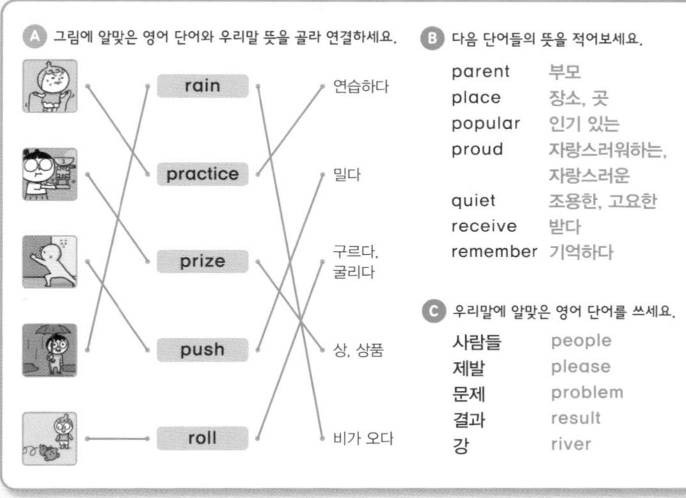

Ⓐ 그림에 알맞은 영어 단어와 우리말 뜻을 골라 연결하세요.

rain / practice / prize / push / roll

연습하다 / 밀다 / 구르다, 굴리다 / 상, 상품 / 비가 오다

Ⓑ 다음 단어들의 뜻을 적어보세요.

parent 부모
place 장소, 곳
popular 인기 있는
proud 자랑스러워하는, 자랑스러운
quiet 조용한, 고요한
receive 받다
remember 기억하다

Ⓒ 우리말에 알맞은 영어 단어를 쓰세요.

사람들 people
제발 please
문제 problem
결과 result
강 river

180~181쪽

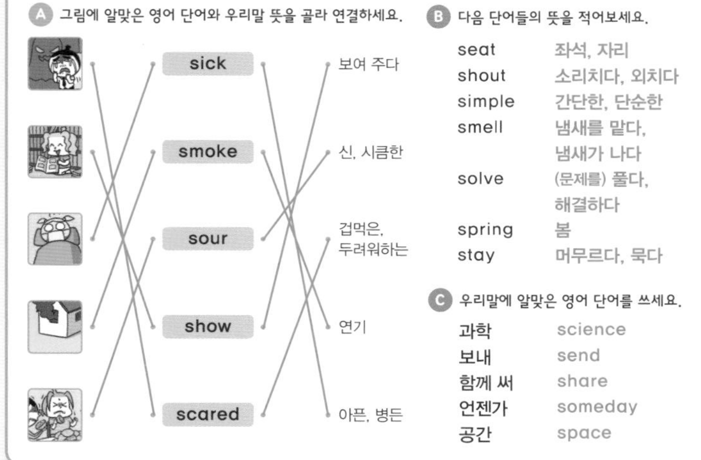

Ⓐ 그림에 알맞은 영어 단어와 우리말 뜻을 골라 연결하세요.

sick / smoke / sour / show / scared

보여 주다 / 신, 시큼한 / 겁먹은, 두려워하는 / 연기 / 아픈, 병든

Ⓑ 다음 단어들의 뜻을 적어보세요.

seat 좌석, 자리
shout 소리치다, 외치다
simple 간단한, 단순한
smell 냄새를 맡다, 냄새가 나다
solve (문제를) 풀다, 해결하다
spring 봄
stay 머무르다, 묵다

Ⓒ 우리말에 알맞은 영어 단어를 쓰세요.

과학 science
보내 send
함께 써 share
언젠가 someday
공간 space

202~203쪽

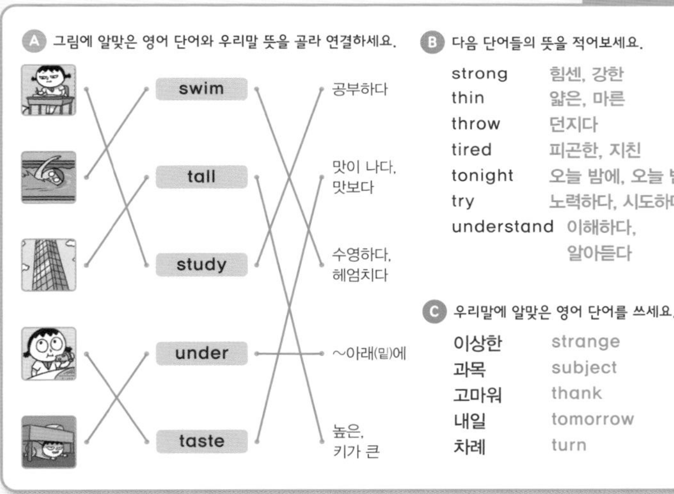

Ⓐ 그림에 알맞은 영어 단어와 우리말 뜻을 골라 연결하세요.

swim / tall / study / under / taste

공부하다 / 맛이 나다, 맛보다 / 수영하다, 헤엄치다 / ~아래(밑)에 / 높은, 키가 큰

Ⓑ 다음 단어들의 뜻을 적어보세요.

strong 힘센, 강한
thin 얇은, 마른
throw 던지다
tired 피곤한, 지친
tonight 오늘 밤에, 오늘 밤
try 노력하다, 시도하다
understand 이해하다, 알아듣다

Ⓒ 우리말에 알맞은 영어 단어를 쓰세요.

이상한 strange
과목 subject
고마워 thank
내일 tomorrow
차례 turn

224~225쪽

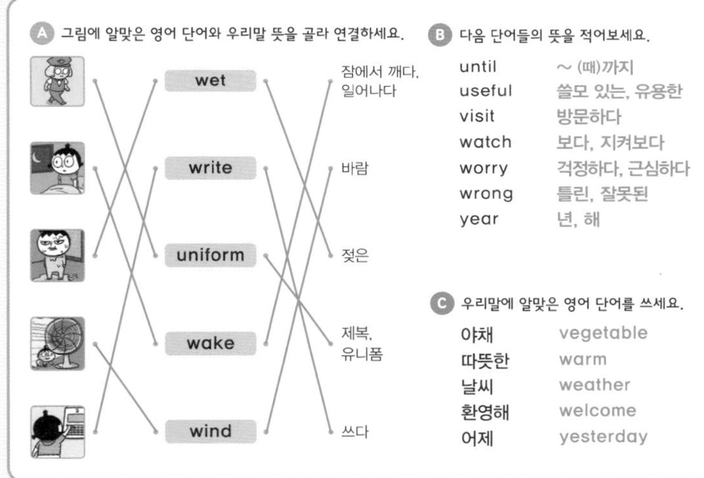

Ⓐ 그림에 알맞은 영어 단어와 우리말 뜻을 골라 연결하세요.

wet / write / uniform / wake / wind

잠에서 깨다, 일어나다 / 바람 / 젖은 / 제복, 유니폼 / 쓰다

Ⓑ 다음 단어들의 뜻을 적어보세요.

until ~ (때)까지
useful 쓸모 있는, 유용한
visit 방문하다
watch 보다, 지켜보다
worry 걱정하다, 근심하다
wrong 틀린, 잘못된
year 년, 해

Ⓒ 우리말에 알맞은 영어 단어를 쓰세요.

야채 vegetable
따뜻한 warm
날씨 weather
환영해 welcome
어제 yesterday

놓지 마 초등 영단어 따라 쓰기

초판 1쇄 발행 2020년 9월 24일 **초판 4쇄 발행** 2024년 2월 23일

지은이 신태훈 · 나승훈
펴낸이 이승현

출판3 본부장 최순영
교양 학습 팀장 김솔미
키즈 디자인 팀장 이수현 **디자인** 윤정아
조판 나모에디트

펴낸곳 ㈜위즈덤하우스 **출판등록** 2000년 5월 23일 제13-1071호
주소 서울특별시 마포구 양화로 19 합정오피스빌딩 17층
전화 02) 2179-5600 **홈페이지** www.wisdomhouse.co.kr **전자우편** kids@wisdomhouse.co.kr

ISBN 979-11-91119-01-5 63740